Molière

Tartuffe

oder

Der Betrüger

Übersetzt von Ludwig Fulda

Molière: Tartuffe oder Der Betrüger

Übersetzt von Ludwig Fulda.

Tartuffe ou L'Imposteur. Uraufführung 1664. Erstdruck 1682.

Vollständige Neuausgabe
Herausgegeben von Karl-Maria Guth
Berlin 2016

Umschlaggestaltung von Thomas Schultz-Overhage unter Verwendung
des Bildes: Frontispiz der Erstausgabe von 1682 von Pierre Brissart
(Ausschnitt)

Gesetzt aus der Minion Pro, 11 pt

Die Sammlung Hofenberg erscheint im
Verlag der Contumax GmbH & Co. KG, Berlin
Herstellung: BoD – Books on Demand, Norderstedt

ISBN 978-3-8430-5138-5

Bibliografische Information der Deutschen Nationalbibliothek

Die Deutsche Nationalbibliothek verzeichnet diese Publikation in der
Deutschen Nationalbibliografie; detaillierte bibliografische Daten sind
im Internet über www.dnb.de abrufbar.

Personen

Madame Pernelle

Orgon, ihr Sohn

Elmire, seine Frau

Damis
Marianne, seine Kinder erster Ehe

Valer, Mariannens Verlobter

Cleant, Orgons Schwager

Tartuffe

Dorine, Mariannens Kammermädchen

Loyal, Gerichtsdiener

Ein Polizeibeamter

Flipote, Dienstmädchen der Madame Pernelle

Schauplatz: Paris, in Orgons Haus

Erster Akt

Erster Auftritt

Madame Pernelle. Elmire. Marianne. Cleant. Damis. Dorine.
Flipote

MAD. PERNELLE. Jetzt hab' ich's satt! Komm, Flipote; gehen wir!

ELMIRE. So eilig? Lassen Sie sich doch geleiten.

MAD. PERNELLE. Nein, Schwiegertochter, bleiben Sie nur hier;
　Ja, bleiben Sie! Wozu die Förmlichkeiten?

ELMIRE. Wir wissen, was wir Ihnen schuldig sind.
　Doch, warum wollen Sie schon gehn?

MAD. PERNELLE. Ich kann die Wirtschaft hier nicht länger sehn!
　Was ich auch rede – ihr seid taub und blind
　Und tut das Gegenteil, mir grad zum Torte;
　Ein andrer halte so was aus!
　Kein Funke von Respekt, und Worte hört man, Worte,
　Als wäre man im Narrenhaus.

DORINE. Ja …

MAD. PERNELLE. Sie, mein Kind, sind hier die Magd;
　Ein großes Mundwerk! Eine freche Zunge!
　Sie sollten warten, bis Sie jemand fragt.

DAMIS. Indes …

MAD. PERNELLE. Du, Enkel, bist ein dummer Junge,
　Und sage nur, Großmutter hat's gesagt.
　Ich habe deinem Vater deine Gaben
　Längst prophezeit: du bist ein Tunichtgut!
　Er wird an dir noch viel Vergnügen haben!

MARIANNE. Mir scheint …

MAD. PERNELLE. Mein Gott, die Schwester! Wie sie tut!
　Dies Blümchen Rühre-mich-nicht-an!
　Jedoch die tiefsten Wasser sind die stillen,
　Und was dahinter steckt, das wittert man.

ELMIRE. Verzeihn Sie, Mutter …

MAD. PERNELLE. Tochter, grad heraus,
　Sie sollten, ging's nach meinem Willen,

Das gute Beispiel sein fürs ganze Haus;
Die sel'ge erste Frau, die war es allen.
Und was soll diese Geldvergeudung nutzen?
Wozu ist's nötig, so sich aufzuputzen?
Die Frau, die nur dem Gatten will gefallen,
Die braucht dazu kein fürstlich Kleid.

CLEANT. Nun, wenn auch …

MAD. PERNELLE. Ihnen, Schwager, alle Ehre,
Hochachtung, Liebe und Ergebenheit;
Doch wenn ich Ihrer Schwester Gatte wäre,
Würd' ich Sie dringend bitten, fortzubleiben.
Was Sie von Lebensweisheit offenbart,
Ist nichts für Leute, die es ehrbar treiben.
Nun wissen Sie's! Sprach ich zu wenig zart?
Frei von der Leber, das ist meine Art!

DAMIS. Ihr Herr Tartuffe wird glücklich sein, zu hören …

MAD. PERNELLE. Das ist ein Ehrenmann, ein würdig Haupt;
Und muß mich's etwa nicht empören,
Wenn solch ein Schlingel sich erlaubt …

DAMIS. Wie! Soll ich's dem Duckmäuser gönnen,
Daß seine Macht tyrannisch sich erstreckt,
Daß wir uns hier an nichts mehr freuen können,
Worein der Herr nicht seine Nase steckt?

DORINE. Wenn man ihm glauben soll und hört ihn an,
Ist alles, was man tun mag, ein Verbrechen;
Denn allem spürt er nach, der fromme Mann.

MAD. PERNELLE. Gut, daß er nachspürt euren Schwächen.
Auf diesem Weg geht ihr zum Himmel ein.
Mein Sohn soll diesen Mann euch lieben lehren.

DAMIS. Nicht hundert Väter können mich bekehren,
Je dieses Menschen Freund zu sein;
Ich wäre sonst ein Lügner und Verräter.
Seh' ich ihn nur, hält mich der Zorn benommen;
Ich fühl's, ich werde mit dem Leisetreter
Noch eines Tages aneinander kommen.

DORINE. Von so 'nem Fremden ist's ein starkes Ding,
Sich als Gebieter bei uns festzusetzen,
Ein Bettler, der zuerst halb barfuß ging

Und einen Rock anhatte, ganz in Fetzen!
Der ist es, der seitdem den Herrn hier spielte,
Und nichts mehr ist ihm gut genug im Haus.
MAD. PERNELLE. Ja, weiß der Himmel, besser säh's hier aus,
Wenn seine fromme Mahnung Recht behielte!
DORINE. Fromm ist er nur in Ihrer Phantasie;
In Wirklichkeit ist's pure Heuchelei.
MAD. PERNELLE. Schweig' sie!
DORINE. Er und sein Diener, alle zwei –
Den beiden traue ich im Leben nie.
MAD. PERNELLE. Den Diener kenn' ich nicht genauer;
Der Herr jedoch, das ist ein Ehrenmann,
Der euch nur deshalb nicht behagt,
Weil er euch allen blank die Wahrheit sagt.
Denn eure Sünden setzen ihn in Trauer,
Und nur der Eifer Gottes treibt ihn an.
DORINE. Nun schön; doch ist's vielleicht vor Gott ein Makel,
Wenn uns besucht ein ehrenhafter Gast?
Ihm aber wird hier jedermann zur Last;
Bei jedem macht er einen Mordspektakel.
Und im Vertraun gesagt, was ist der Grund?

Zeigt auf Elmire.

Der gute Mann ist eifersüchtig.
MAD. PERNELLE. Still! Halten Sie den schnöden Lästermund! –
All' die Besuche hass' ich auch – und tüchtig!
Fortwährend wird treppauf, treppab gesprungen!
Die Tür mit Kutschen stets verschanzt,
Ringsum Lakaien aufgepflanzt –
Das gibt Gerede bei den bösen Zungen.
Und wenn ihr weiter auch nichts Schlimmes tut,
Man spricht darüber – und das ist nicht gut.
CLEANT. Man spricht! Verhindern Sie die Welt zu sprechen
Das wäre mir ein sauberes Gesetz,
Wenn ich aus Angst vor törichtem Geschwätz
Mit meinen besten Freunden müßte brechen.
Und wenn ich's täte, würd' es etwas nützen?
Wär' das ein sicheres Mittel gegen Klatsch?

Vor der Verleumdung kann man sich nicht schützen! –
Drum kümmre sich wer mag um dies Getratsch.
So viel wir können, tun wir recht;
Die andern mögen ihre Zungen üben!
DORINE. Frau Daphne und ihr Mann im Haus da drüben,
Die machen uns besonders schlecht.
Am schnellsten wird die andern schmähn,
Wer selbst was hat auf seinem Kerbholz stehn.
Wo die nur irgend etwas aufgegabelt,
Das eines Zweifels Schein erlaubt,
Da wird's mit Freude ringsherum gefabelt,
Daß alle Welt wer weiß was glaubt.
Die Taten andrer werden bloßgestellt,
Damit man ihre eigenen verzeiht
Und irrgeführt durch falsche Ähnlichkeit
Sie selbst für nicht viel schlimmer hält.
Wenn dann gerechter Tadel sie ereilt,
So haben sie ihn wenigstens verteilt.
MAD. PERNELLE. Nun, das mag unerörtert bleiben.
Orante jedoch lebt musterhaft gewiß;
Sie lebt dem Himmel. Trotzdem ist das Treiben
In diesem Haus auch ihr ein Ärgernis.
DORINE. Das ist 'ne Frau! Ich weiß, wie hoch die steht!
Von der ist nur das Beste zu erfahren!
Doch wurde sie so fromm erst mit den Jahren,
Und sie ist tugendhaft, weil's nicht mehr anders geht.
Solang die Herzen ihr Tribut entrichtet,
So lange griff sie zu mit frischer Hand;
Erst seit der Glanz aus ihren Augen schwand,
Verzichtet sie, weil man auf sie verzichtet,
Und läßt nur noch im frommen keuschen Schleier
Die abgeblaßten Reize sehn.
Wenn sich empfohlen hat der letzte Freier,
Dann müssen die Koketten in sich gehn.
Verlassen sind sie, und die schwere Bürde
Erleichtern sie durch Ehrenhaftigkeit,
Und sie entwickeln eine Würde
Und eine Strenge, welche nichts verzeiht.

Natürlich, daß die andern Frau'n nichts taugen!
Doch nicht aus Tugend, nur aus Neid
Ist ihnen andrer Glück ein Dorn in Augen,
Ein Glück, das ihrem Alter nicht mehr blüht.
MAD. PERNELLE *zu Elmire.*

So dumm Geplapper freut wohl Ihr Gemüt?
Ich komme gar nicht mehr zu Wort;
Denn die Person hier schwatzt in einem fort.
Doch endlich möcht' auch ich zum Reden kommen;
Mein Sohn bewies den äußersten Verstand,
Als er den frommen Mann hier aufgenommen;
Der Himmel selber hat ihn hergesandt
Zur Rettung eurer arg verführten Seelen;
Ihm zu willfahren möcht' ich euch empfehlen;
Mit vollem Rechte nennt er euch betört.
Besuche, Bälle, Unterhaltungsstunden,
Das alles hat der böse Geist erfunden.
Wann wird hier je ein christlich Wort gehört?
Gottlose Reden, Gassenhauer, Possen
Und über euren Nächsten Spott und Hohn;
Denn nichts ist heilig euren Glossen.
Kopfweh bekommt ein kluger Mensch davon;
So toll geht's zu auf jedem eurer Feste,
Wirr durcheinander bappeln alle Gäste.
Ein Doktor machte jüngst den guten Witz:
»Es ist der reine Turm von Babylon;
Denn jeder bappelt, als bekäm' er Lohn.«
Die Sache, die war nämlich so …

Sieht Cleant lachen.

Mir scheint, der Herr dort kichert. Ei der Blitz!
Wo anders suchen Sie sich Ihre Narren!

Zu Elmire.

Adieu! Ich schweig' und denke mir mein Teil.
Mit diesem Haus hab' ich nichts mehr zu schaffen,
Und bis ich wiederkomme, könnt ihr harren!

Zu Flipote.

Was stehst du hier und hältst Maulaffen feil!
Du Gans *gibt ihr eine Ohrfeige*, ich will dich lehren gaffen.
Marsch! Vorwärts!

Sie treibt Flipote voraus und geht ab rechts, gefolgt von Elmire,
Marianne, Damis.

Zweiter Auftritt

Cleant. Dorine.

CLEANT. Nein, ich folg' ihr lieber nicht;
  Von neuem sonst begänn' sie ihre Suade,
  Die gute alte Frau …
DORINE. Wie jammerschade,
  Daß sie's nicht anhört, wie man von ihr spricht.
  Sie würde finden, daß Sie sehr galant,
  Und daß sie noch nicht in dem Alter steht …
CLEANT. Wie ist sie doch um nichts in Zorn entbrannt!
  Ihr Herr Tartuffe hat ihr den Kopf verdreht.
DORINE. Das ist noch gar nichts gegen ihren Sohn;
  Sehn Sie erst den! Der ist bei weitem schlimmer!
  Vom Weltmann grad bekam er einen Schimmer,
  Hoffähig war er beinah schon.
  Jetzt aber steht's mit seinem Geiste flau,
  Seitdem er sich in den Tartuffe verschossen;
  Er hat ihn in sein Herz geschlossen
  Weit mehr als Mutter, Tochter, Sohn und Frau,
  Sein Rat erscheint ihm unentbehrlich;
  Er weiht nur ihn in jed' Geheimnis ein
  Und hätschelt ihn – mit der Geliebten schwerlich
  Vermöchte man viel zärtlicher zu sein.
  Den Ehrenplatz weist er ihm an bei Tisch,
  Ist froh, wenn er sich vollstopft bis zur Rundheit,
  Gibt ihm das beste Stück von Fleisch und Fisch,
  Und wenn ihm aufstößt, ruft er: Zur Gesundheit!
  Kurz, er ist völlig toll mit seinem Helden,
  Weiß neue Wunder stets von ihm zu melden,

Ein groß Mirakel scheint ihm, was er tut,
Und was er spricht, ist eine Offenbarung.
Der kennt natürlich seinen Gimpel gut
Und gibt mit schlauer Kunst ihm neue Nahrung.
Indes der Heuchler seinen Raub gewinnt,
Bekrittelt er uns alle, wie wir sind.
Sogar sein lump'ger Diener stimmt mit ein
Und maßt sich an, uns zu bekehren
Und uns scheinheilig zu verwehren
Die Bänder, Schminken, Schönheitspflästerlein.
Der Schurk' zerriß mit eigner Hand
Ein Schnupftuch, das er im Gebetbuch fand,
Und sagte, daß es schwerer Frevel sei,
Wenn Teufelskram ein Heiligtum berühre.

Dritter Auftritt

Vorige. Elmire, Marianne, Damis kommen zurück.

ELMIRE *zu Cleant.* Sie Glücklicher, Sie waren nicht dabei!
    Sie hielt noch hübsche Reden vor der Türe.
    Mein Mann ist da, ich hab' ihn kommen sehn
    Und will mich in mein Zimmer jetzt begeben.
CLEANT. Ich warte hier – nicht zum Vergnügen eben;
    Ich will ihn nur begrüßen und dann gehn.

Vierter Auftritt

Cleant. Damis. Dorine.

DAMIS. Vergessen Sie nicht meiner Schwester Ehe!
    Den Vater hat, wenn richtig mein Verdacht,
    Tartuffe auch darin schon herumgebracht.
    Davon hängt ab mein eigen Wohl und Wehe.
    Denn **meine** Schwester liebt Valer,
    So wie ich **seine** Schwester gerne mag.
    Und wenn …
DORINE. Da kommt er.

Fünfter Auftritt

Cleant. Dorine. Orgon.

ORGON. Schwager, guten Tag!

CLEANT. Ich grüße Sie bei Ihrer Wiederkehr.
    Da draußen auf dem Land ist's wohl noch kahl?

ORGON. Dorine ... *Zu Cleant* Schwager, wenn's beliebt ...
    Ich bin besorgt und will nur schnell einmal
    Vernehmen, was es Neues gibt.

Zu Dorine.

    Wie ist's gegangen hier in den zwei Tagen?
    Wie geht's? Wie steht's? Hat sich was zugetragen?

DORINE. Vorgestern fieberte Madame recht heftig
    Und legte wegen Kopfschmerz sich zu Bett.

ORGON. Und Herr Tartuffe?

DORINE. Der ist gesund und kräftig,
    Mit roten Backen, dick und fett.

ORGON. Der Ärmste!

DORINE. Abends aß sie keinen Bissen;
    Ich tischte auf; doch ihr war's einerlei,
    So schrecklich hat es sie im Kopf gerissen.

ORGON. Und Herr Tartuffe?

DORINE. Der aß allein für zwei
    Und ließ gar fromm ein Rebhuhn nach dem andern
    Nebst Hammelbraten in den Magen wandern.

ORGON. Der Ärmste!

DORINE. So verstrich die ganze Nacht;
    Die Schmerzen blieben ungelindert,
    Und weil das Fieber sie am Schlaf gehindert,
    Hab' ich am Bett bis morgens früh gewacht.

ORGON. Und Herr Tartuffe?

DORINE. Ging, als er schläfrig war,
    In seine Kammer mit gemeßnem Schritte;
    Drauf legt' er sich in seines Bettes Mitte
    Und schlief die Nacht ganz wunderbar.

ORGON. Der Ärmste!

DORINE. Endlich schickte sie zum Bader.
   Der kam und ließ ihr gleich zur Ader,
   Und darauf trat die Beßrung ein.
ORGON. Und Herr Tartuffe?
DORINE. Stand auf wie neugeboren,
   Und teils zur Stillung seiner Seelenpein,
   Teils weil Madame so sehr viel Blut verloren,
   Trank er zum Frühstück eine Flasche Wein.
ORGON. Der Ärmste!
DORINE. Beiden geht's vortrefflich heut,
   Und jetzt will ich doch gleich Madame vermelden,
   Wie riesig ihre Heilung Sie erfreut.

Sechster Auftritt

Orgon. Cleant.

CLEANT. Die lacht Sie aus – und Ihren Helden,
   Und – bitte, hören Sie mich an in Ruh' –
   Sie hat weiß Gott ein Recht dazu.
   Ist so was denn schon dagewesen!
   Kann Sie ein Mensch mit Netzen so umziehn,
   Daß Sie an nichts mehr denken als an ihn,
   Ein Mensch, den Sie vom Pflaster aufgelesen,
   Und den Sie …
ORGON. Halt, urteilen Sie nicht blind!
   Sie kennen nicht den Mann, den Sie verklagen.
CLEANT. Ich kenn' ihn nicht; allein, was will das sagen?
   Denn um zu wissen, welchen Geistes Kind …
ORGON. Herr Schwager, kennen Sie ihn erst, und dann …
   Sie sind entzückt, begeistert, hingerissen!
   Das ist ein Mann … ein Mann … kurzum, ein Mann!
   Wer willig ihm Gehör verleiht,
   Wird nie den Seelenfrieden missen
   Und hält die Welt für einen Haufen Dünger;
   Ja, als sein aufmerksamer Jünger
   Lern' ich, wie albern Lieb' und Zärtlichkeit.
   Ich bin erlöst von allen Erdenscherben

Und sähe jetzt mit größter Herzenskühle
Frau, Mutter, Kinder, Bruder sterben.
CLEANT. Das ist der Gipfel menschlicher Gefühle.
ORGON. O, hätten Sie gesehn, wie ich ihn fand,
Sie liebten ihn wie ich und noch darüber.
Zur Kirche kam er unverwandt
Und kniete mir alltäglich gegenüber.
Er flehte mit so brünstiger Gebärde,
Daß aller Augen auf ihm ruhten,
Mit so viel Seufzern, so viel Seelengluten,
Und dabei küßt' er jedesmal die Erde!
Ging ich hinaus, so war er schnell am Orte,
Weihwasser mir zu bieten an der Pforte.
Sein Diener, ganz ihm gleich in frommem Leben,
Erzählte mir, wie schlecht's dem Armen ging,
Und als er Gaben nun von mir empfing,
Wollt' er mir stets die Hälfte wiedergeben.
»Zu viel!« sagt' er. »Sie schenken viel zu reich;
Ich bin nicht wert, daß Sie sich mein erbarmen.«
Und wenn ich es nicht wiedernahm sogleich,
Vor meinen Augen gab er es den Armen.
Endlich bestimmt' ich ihn, bei mir zu wohnen,
Und dafür will mich Gott belohnen:
Um aller Seelenheil bemüht er sich,
Und höchst besorgt um meine Ehre,
Behütet er mein Weib vor zärtlichem Verkehre
Viel eifersüchtiger als ich.
Im Dienst des Herrn sich täglich anzuschärfen,
Beim kleinsten Fehl sich Sünden vorzuwerfen
Und sie zu büßen, wird er niemals matt;
In Selbstanklagen hat er jüngst sich noch ergangen,
Weil er beim Beten einen Floh gefangen
Und allzu zornig ihn getötet hat.
CLEANT. Weiß Gott, Sie haben einen Sparren,
Herr Schwager, oder halten mich zum Narren!
Sie denken wohl, mit solchen Faseleien …
ORGON. Freigeisterei hat Sie umgarnt,
Herr Schwager! – Ja, so reden diese Freien!

Ich habe Sie nun oft genug gewarnt:
Das könnte schlimme Folgen nach sich ziehen.
CLEANT. Man kennt die Logik, welche euch gefällt:
Als Freigeist wird von euch verschrieen,
Wer seine beiden Augen offen hält,
Und wen der eitle Schein nicht schon erbaut,
Der hört auch nicht der heil'gen Wahrheit Stimme.
Ich habe weder Furcht vor eurem Grimme
Noch vor dem Himmel, der ins Herz mir schaut.
Kein Flausenmacher soll mich je bekommen!
Ja, falsche Helden gibt's und falsche Frommen.
Denn geht es nicht zum Handeln und zum Streiche,
Dann sind die echten Helden stumm,
Und mit den echten Frommen ist's das gleiche:
Die machen nicht so viel Brimborium.
Wie? Ziemt sich's über einen Kamm zu scheren
Die Gottesfurcht und Heuchelei,
Als ob es ganz dasselbe sei,
Statt des Gesichts die Larve zu verehren?
Das heißt, den Kunstgriff als Natur betrachten,
Die Wahrheit mit dem Widerschein,
Ein leer Phantom mit dem lebend'gen Sein
Und falsches Geld mit echtem gleich erachten.
Die Menschen sind ein sonderbar Geschlecht:
Natur ist ihnen niemals recht,
Nie wird die Grenze der Vernunft gewahrt;
Sie müssen stets darüber huschen
Und selbst das Edelste verpfuschen
Durch Übertreibung jeder Art.
Beiläufig wollt' ich Ihnen das bemerken.
ORGON. Jawohl, Herr Doktor hochgelahrt,
Bewundert und verehrt in Wort und Werken,
Sie ganz allein sind weise von uns allen,
Ein Cato, ein Prophet für dies Jahrhundert!
Wir andern, wir sind auf den Kopf gefallen.
CLEANT. Ich bin kein Doktor, den die Welt bewundert,
Und maße mir nicht große Weisheit an;
Doch was ich weiß und was ich kann,

Ist Falsch von Wahr zu unterscheiden.
Und weil an Wert nichts höher steht
Als eines frommen Mannes Gottergebung,
Nichts mehr zu preisen, zu beneiden
Als wahre Religiosität,
Kann ich die Heuchler auf den Tod nicht leiden
In ihrer angeschminkten Überhebung,
Die sauberen Quacksalber, die Zeloten
Mit ihrem lästerlichen Fratzenkram,
Die Mißbrauch treiben straflos, ohne Scham
Mit allen heiligen Geboten;
Die Leute, die von Eigennutz gebläht
Die Frömmigkeit erniedern zum Gewerbe,
Mit falschem Augenaufschlag und Gebet
Ein Amt erschleichen und ein fettes Erbe,
Die Leute, die den Himmelsweg da droben
Als Weg zu irdischem Genuß gewählt
Und jeden Tag, von Demut ganz beseelt,
Enthaltsamkeit bei vollen Schüsseln loben,
Die fromm im Arm des Lasters ruhn,
Rachsüchtig, treulos, heftig, voll von Ränken,
Und wenn sie jemand zu vernichten denken,
Dies nur in Gottes Namen tun,
Dreifach gefährlich, wenn sie grollen,
Weil dieses Volk mit heil'gen Waffen ficht
Und seine Gier, durch Nachsicht angeschwollen,
Uns mit geweihtem Schwerts niedersticht.
Von dieser Sorte lebt ein ganzer Schwarm. –
Des Glaubens Reinheit zeigt sich rasch den Kennern,
Und unsre Zeit ist wahrlich nicht so arm
An höchst nachahmenswerten Gottesmännern.
Den Ehrentitel führen lange schon
Bei aller Welt Ariston, Periander,
Oront, Alcidamas, Clitander
Und machen doch kein groß Geschrei davon.
Vor solchem Dünkel sind sie auf der Hut;
Sie denken menschlich, auch in ihrem Glauben,
Und alles zu bekritteln, was man tut,

Die Hoffart würden sie sich nie erlauben.
Sie brauchen nicht der Worte hohen Flug
Und wollen nur durch Taten uns beschämen;
Von andern gleich das Schlimmste anzunehmen,
Dazu sind sie nicht streng genug.
Da gibt es Kniffe nicht und Sonderbünde;
Ein edles Leben ist ihr einzig Ziel,
Sie sind nicht grausam, wenn ein Schwacher fiel,
Und hassen nicht den Sünder, nur die Sünde;
Sie werden nie des Übereifers Beute,
Sie greifen nie dem Himmel vor im Groll:
Das sind die rechten, das sind **meine** Leute,
Das ist das Beispiel, dem man folgen soll.
Ihr Herr Tartuffe kommt diesem Bild nicht nah,
Und wenn Sie Ihr Vertraun an ihn verschwendet,
So wurden Sie durch falschen Glanz geblendet.
ORGON. Sind Sie nun fertig, lieber Schwager?
CLEANT. Ja!
ORGON *will gehen.* Empfehle mich!
CLEANT. Nein, von was andrem jetzt!
	Ich bitte drum! Valer, Sie wissen, hatte
	Ihr Wort als Ihrer Tochter künft'ger Gatte.
ORGON. Jawohl.
CLEANT. Der Hochzeitstag war festgesetzt.
ORGON. Gewiß.
CLEANT. Warum verschiebt man's immerfort?
ORGON. Ich weiß nicht.
CLEANT. Sollten Sie's etwa bereuen?
ORGON. Vielleicht.
CLEANT. Das heißt, Sie halten nicht Ihr Wort?
ORGON. Sagt' ich so was?
CLEANT. Sie werden sich wohl scheuen,
	Nicht zu erfüllen, was Sie zugesagt.
ORGON. Je nun …
CLEANT. Wozu dies dunkele Gebaren?
	Valer verlangt Bestimmtes zu erfahren.
ORGON. Gelobt sei Gott!
CLEANT. Und wenn er mich nun fragt?

ORGON. Was kümmert's mich?

CLEANT. Ich muß darauf bestehn,
    Dem, was Sie planen, auf den Grund zu sehn.

ORGON. Was Gott gefällt.

CLEANT. So reden Sie doch klar,
    Ob Sie gesonnen sind, Ihr Wort zu brechen?

ORGON. Ihr Diener. *Ab.*

CLEANT *allein.* Seiner Liebe droht Gefahr.
    Ich muß noch heute mit ihm sprechen.

Zweiter Akt

Erster Auftritt

Orgon. Marianne.

ORGON. Marianne!
MARIANNE. Hier, mein Vater!
ORGON. Komm noch näher;
  Ich möchte mit dir reden, ungestört.
MARIANNE *zu Orgon, der ins Nebenzimmer sieht.* Was gibt's?
ORGON. Ich will nur sehn, ob niemand hört.
  Dies Stübchen dort ist wie gemacht für Späher. –
  Wohlan! – zum Lobe hat mich stets bewogen
  Dein gutes Herz, dein sanfter Sinn;
  Ich habe dich auch immer vorgezogen.
MARIANNE. Sie wissen, daß ich dafür dankbar bin.
ORGON. Sehr gut gesagt, und weil es so bestellt,
  Mußt du mir doppelt zum Gefallen leben.
MARIANNE. Ich will mir alle Mühe geben.
ORGON. Sehr schön. Nun sag, wie dir Tartuffe gefällt?
MARIANNE. Mir?
ORGON. Überlege deine Antwort erst!
MARIANNE. Mein Gott, ich sage, was Sie wollen.

Zweiter Auftritt

*Orgon. Marianne. Dorine tritt leise ein, lauscht erst von ferne
und stellt sich dann hinter Orgon, ohne gesehen zu werden.*

ORGON. Sehr brav … Dann sag, daß du den würdevollen
  Und edlen Mann sehr hoch verehrst,
  Daß du ihn gerne siehst und glücklich wärst,
  Wenn ich ihn dir bestimmte zum Gemahl.
  Nun?
MARIANNE *überrascht zurückweichend.* O!
ORGON. Was?
MARIANNE. Hab' ich recht verstanden?

ORGON. Wie?

MARIANNE. Erst wiederholen Sie mir noch einmal:
Wen soll ich gerne sehn und mit Vergnügen
Betrachten als den Gatten Ihrer Wahl?

ORGON. Tartuffe.

MARIANNE. Nein, nein, das sag' ich nie,
Und wenn ich's sagte, würd' ich lügen.

ORGON. Doch Wahrheit wird es bald, verlaß dich drauf!
Ich will es so, und deinen Willen zähm' ich.

MARIANNE. Sie wollten …!

ORGON. Ja, durch diese Heirat nehm' ich
Tartuffe in die Familie auf.
Er wird dein Mann, und damit fertig!
Deshalb …

Bemerkt Dorine, die dicht hinter ihm steht.

Was haben **Sie** denn hier verloren?
Aus Neugier sind Sie bald allgegenwärtig
Und haben überall die Ohren.

DORINE. Ihr Heiratsplan ist schon herumgekommen,
Durch Zufall, oder hat man sich's gedacht:
Doch als man mir die Nachricht hinterbracht,
Ich hab' sie nicht für Ernst genommen.

ORGON. Und was ist so unglaublich denn daran?

DORINE. Sie reden sich wohl ein, daß **Sie** dran glauben?

ORGON. Das zu beweisen werd' ich mir erlauben.

DORINE. Sie sind ein gar zu spaß'ger Mann.

ORGON. Der Tag, der's offenbart, wird bald erscheinen.

DORINE. Ach, Larifari!

ORGON *zu Marianne.* Kind, ich scherze nicht.

DORINE. Ja, glauben Sie denn, was Ihr Vater spricht?
Er tut nur so.

ORGON. Bei Gott …!

DORINE. Sie finden keinen,
Der's Ihnen glaubt.

ORGON. Jetzt wird es mir zu bunt!

DORINE. Und glaubt man's, werden Sie dann besser fahren?
Wie, was? Ein Mann, dem Anschein nach gesund,

Ein Mann, der ausgewachsen ist seit Jahren,
    Der wäre so vom bösen Geist besessen …
ORGON. Was für ein Ton? Sie scheinen zu vergessen,
    Auf welchem Fuß wir miteinander stehn.
DORINE. Na, kommen Sie deshalb nicht gleich in Wut.
    Verbrechen sind noch nicht geschehn.
    Für einen Frömmler ist Ihr Kind zu gut!
    Sein Lorbeer blüht auf einem andern Felde.
    Warum bestehn Sie grad auf **der** Partie
    Und wählen sich mit Ihrem vielen Gelde
    Den Habenichts zum Eidam?
ORGON. Schweigen Sie!
    Er hat nichts; darum grad ist er zu schätzen;
    Grad seine Dürftigkeit und Blöße
    Erhebt den Edlen über Erdengröße;
    Denn seiner Güter ließ er sich entsetzen,
    Weil nie an zeitlichen Besitz gekettet
    Dem Ewigen sein ganzes Trachten galt.
    Ich streck' ihm gern was vor, damit er bald
    Sich aufhilft und sein Gut zurück sich rettet.
    Die Länderei'n gehören ihm nach Recht;
    Auch ist er adelig zur Welt gekommen.
DORINE. Jawohl, das sagt er; aber einem Frommen
    Stehn solche Prahlereien schlecht.
    Wer so viel Wesen macht mit heil'gem Leben,
    Für den sind Nam' und Abkunft einerlei,
    Und ist er wirklich gottergeben,
    Macht er von diesen besser kein Geschrei.
    Wozu der Hochmut? – Doch davon genug;
    Den Menschen selber schauen Sie sich an!
    Und solcher Tochter solchen Mann
    Zu geben, halten Sie für klug?
    Sehn Sie denn nicht, was stets zu fürchten bliebe?
    Was wird davon die Folge sein?
    Die Tugend eines Mädchens setzt man ein,
    Wenn man sie zwingt zur Heirat ohne Liebe.
    Der Vorsatz, eine brave Frau zu bleiben,
    Hängt ab vom Mann; die Ehemänner alle,

Auf die man mit den Fingern deutet, treiben
Durch eigne Schuld ihr Weib zum Falle.
Die Treu' zu wahren dieser Sorte Gatten,
Dazu hat keine Frau Geduld,
Und sündigt sie, dann ist es deren Schuld,
Die zu der Ehe sie genötigt hatten.
Ihr Plan ist deshalb ganz und gar gefährlich.
ORGON *zu Marianne.* Am Ende gibt man mir noch Unterricht.
DORINE. Ja, passen Sie nur auf; es schadet schwerlich.
ORGON. Kind, kümmre dich um dies Gefasel nicht;
  Bedenke, daß du meine Tochter bist.
  Das Wort, das ich Valer gab, kann nicht gelten:
  Man sagt, daß er dem Spiel verfallen ist.
  Auch seinen Glauben hab' ich Grund zu schelten;
  Die Kirche hat er längst nicht mehr betreten.
DORINE. O doch! Nur nicht zur Stunde, wo die Laffen
  Hineingehn, um einander zu begaffen.
ORGON. Um Ihre Meinung hab' ich nicht gebeten.
  Tartuffe steht mit dem Himmel du und du;
  Dies Rüstzeug überstrahlt die andern weit.
  Er führt dich einer Musterehe zu,
  Die triefen wird von Glück und Seligkeit.
  Zusammen werdet ihr in Lieb' und Glauben
  Ein Leben führen wie die Turteltauben;
  Nie gibt es einen Streit in eurem Haus,
  Und an dem kleinen Finger lenkst du ihn.
DORINE. O nein, sie wird ihn an der Nase ziehn.
ORGON. Verdammt Gewäsch!
DORINE. Der sieht mir danach aus!
  Der wird es schon zuwege bringen,
  Daß Ihrer Tochter Tugend flöten geht.
ORGON. Ob Ihnen wohl der Mund nicht stille steht!
  Beschäftigen Sie sich mit andern Dingen.
DORINE. Als wenn mich nicht Ihr eigner Vorteil triebe!
ORGON. Zu gütig! Schweigen Sie jetzt still!
DORINE. Aus Liebe nur …
ORGON. Ich danke für die Liebe!
DORINE. So? Ich kann lieben, wen ich will.

ORGON. Zum Kuckuck!

DORINE. Ihre Ehre ist mir wert;
  Ich will verhüten, daß man Sie verlache.

ORGON. Still, sag' ich; sonst …

DORINE. Es ist Gewissenssache,
  Daß man Sie zur Vernunft bekehrt.

ORGON. Zum Teufel, schweig, du unverschämte Schlange!

DORINE. Seht mir den frommen Mann! Er flucht.

ORGON. Weil deine Frechheit ihresgleichen sucht.
  Hältst du jetzt nicht den Mund, dann wird dir bange.

DORINE. Schön, ich bin still; doch denk' ich mir das Meine.

ORGON. Denk, was du willst, nur möglichst innerlich!
  Und damit basta! *Zu Marianne.*
  Kind, ich kam ins reine,
  Nachdem ich's reiflich überlegt.

DORINE *beiseite.* Ich keuche
  Vor Wut.

ORGON. Tartuffe an und für sich
  Ist kein Adonis …

DORINE *beiseite.* Eine Vogelscheuche.

ORGON. Doch dafür ist er förmlich überladen
  Mit innren Reizen.

  Dorine *beiseite.* Guten Appetit!

*Orgon wendet sich nach Dorine um, hört ihr mit gekreuzten
Armen zu und sieht ihr ins Gesicht.*

An ihrer Stelle zög' mich ohne Schaden
Kein Mann gewaltsam zum Altare mit.
Dem würd' ich zeigen schon nach wenig Wochen,
  Wie sich ein Weib zu rächen wagt!

ORGON *zu Dorine.* Was ist denn das? Hab' ich umsonst gesprochen?

DORINE. Wieso? Zu Ihnen hab' ich nichts gesagt.

ORGON. Zu wem denn sonst?

DORINE. Ich rede nur mit mir.

ORGON *beiseite.* Ich muß bei diesem unverschämten Drachen
  Handgreiflich mich verständlich machen.

Er setzt sich in Positur, um Dorine eine Ohrfeige zu geben,
und bei jedem Wort, welches er seiner Tochter sagt, wendet er
sich um und sieht nach Dorine, welche vor ihm steht, ohne zu
sprechen.

Mein Kind ... nun überlege dir ...
Den ich gewählt ... das ist der rechte Mann ...

Zu Dorine.

Du sagst ja nichts?
DORINE. Ich werd' wohl fertig sein.
ORGON. Ein Wörtchen nur.
DORINE. Ich denke nicht daran.
ORGON. Ich warte.
DORINE. Darauf fall' ich nicht herein.
ORGON. Dein Vater, Kind, erkor dir ihn;
    Das wirst du dir nicht zweimal sagen lassen.
DORINE *die Flucht ergreifend.* So ein Gemahl, der würde grad mir
    passen.
ORGON *hat vergebens versucht, Dorine eine Ohrfeige zu geben.*
    Das Weib da hat die Hölle ausgespien.
    Die bringt mich noch zu Greueltaten!
    Ich halt's nicht länger aus, ich bin am Schluß;
    Ich bin wahrhaftig so in Wut geraten,
    Daß ich im Freien Atem schöpfen muß.

Dritter Auftritt

Marianne. Dorine.

DORINE. Ist Ihre Sprache denn gestört?
    Muß ich denn völlig Ihre Rolle spielen?
    Daß Sie den hirnverbrannten Plan gehört
    Und nicht ein einzigmal ins Wort ihm fielen.
MARIANNE. Er ist mein Vater; kann er nicht befehlen?
DORINE. Solch einer Drohung muß man sich entziehn.
MARIANNE. Wie denn?
DORINE. Ihm sagen, daß wir selber wählen,
    Daß Sie für sich heiraten, nicht für ihn,

Daß Sie als Hauptperson in diesem Spiele
Von Ihrem eigenen Geschmack nicht wichen,
Und wenn Tartuffe ihm gar so sehr gefiele,
Dann sollt' er lieber selbst ihn ehelichen.
MARIANNE. Ein Vater hat beim Kind so groß Gewicht,
Daß ich die ganze Zeit den Mut nicht fand …
DORINE. Valer jedoch hielt an um Ihre Hand:
Ich frage, lieben Sie ihn oder nicht?
MARIANNE. Dorine! Kannst du noch so grausam scherzen?
Wie könntest du im Zweifel sein?
Du lasest hundertmal in meinem Herzen
Und weißt: Ihn lieb' ich, ihn allein!
DORINE. Weiß ich, ob Herz und Lippen einig waren,
Ob ungemindert noch die Glut?
MARIANNE. Glaub mir, daß dein Verdacht mir wehe tut;
Wie warm sie brennt, hast du genug erfahren.
DORINE. Also, Sie lieben ihn?
MARIANNE. Bis in den Tod!
DORINE. Und, wie es scheint, er Sie desgleichen.
MARIANNE. Ich glaube.
DORINE. Und ihr möchtet's bald erreichen,
Verbunden euch zu sehn.
MARIANNE. Das tät' uns not.
DORINE. Und was die andre Heirat anbetrifft …?
MARIANNE. Wenn man mich dazu nötigt, nehm' ich Gift.
DORINE. Vortrefflicher Gedanke! Wundervoll!
Sie sterben, und die Sache ist erledigt.
Dies Mittel hilft gewiß. – Mich macht es toll,
Wenn man mir solchen Unsinn predigt.
MARIANNE. Dorine! Warum wirst du gleich so wild?
Du hast kein Mitgefühl mit Andrer Plagen.
DORINE. Nicht, wenn sie sich so unerhört betragen
Und sich verkriechen, wo's zu handeln gilt.
MARIANNE. Ach Gott, ich hab' nur solche Angst …
DORINE. Wer wahrhaft liebt, dem ziemt Entschlossenheit.
MARIANNE. Mein Herz bleibt deshalb doch Valer geweiht.
Könnt' er nicht tun, was du von mir verlangst?
DORINE. Wie? Daß Ihr Vater, stolz auf seine Schwächen,

Von dem Tartuffe beschwatzt und eingelullt,
Jetzt im Begriffe steht, sein Wort zu brechen,
Daran ist gar wohl Ihr Geliebter schuld?
MARIANNE. Und würd' ich mich zu lautem Trotz vermessen,
Dann wüßte mein Geheimnis alle Welt.
Soll ich für ihn, so hoch mein Herz ihn stellt,
Die Scham, die Kindespflicht vergessen?
Willst du, daß allen Augen offenbar ...
DORINE. Nichts will ich, nichts. Ich sehe schon, Sie werden
Die Frau Tartuffe. Wie unrecht es doch war,
Mich gegen dieses Glück so zu gebärden!
So tun Sie doch, wonach der Wunsch Sie zieht!
Um solchen Freier sollte man sich reißen:
Ein Herr Tartuffe, das will was heißen.
Ja, Herr Tartuffe, wenn man's bei Licht besieht,
Das ist ein Mann, der sich mit Anstand schneuzt;
Sein Ehgespons hat Ursach', stolz zu blicken,
Weil man vor ihm in Ehrfurcht sich bekreuzt.
Er ist von Adel, hat ein Äußres zum Bestricken,
Ein angenehm Gesicht mit roten Ohren:
Kurzum, Sie können sehr zufrieden sein.
MARIANNE. Mein Gott!
DORINE. Ja, leuchtet Ihnen denn nicht ein,
Welch hübscher Mensch zur Gattin Sie erkoren?
MARIANNE. Nicht weiter, ich beschwöre dich, sei still!
Errette mich von diesem Ehejoch.
Mir ist ja alles recht. So hilf mir doch!
DORINE. Ein Kind muß wollen, was sein Vater will.
Und wählt er auch zum Eidam einen Affen.
Sie werden sich ein gutes Leben schaffen.
Zu seinem Städtchen geht's per Extrapost,
Wo Onkel, Vettern aus der Erde schießen;
Die füttern Sie sodann mit Geisteskost.
Die seine Welt wird Ihnen sich erschließen:
Erfreut kommt Ihnen schon im Flur entgegen
Die Frau Kanzleirat und die Frau Notar
Und wird Sie bitten, abzulegen.
Doch erst im Karneval wird's wunderbar:

Tanzkränzchen, Brummbaß und zwei Flöten,
Und manchmal gar Hanswurst und Puppenspiel.
Wenn dann der Herr Gemahl …
MARIANNE. Du wirst mich töten!
So kommen wir gewiß nicht an das Ziel.
DORINE. Ich hab' die Ehre!
MARIANNE. Bleib doch hier, Dorine!
DORINE. Und das ist die gerechte Strafe jetzt.
MARIANNE. Dorinchen!
DORINE. Nein!
MARIANNE. Wenn je der Tag erschiene …
DORINE. Tartuffe bekommt Sie; das ist festgesetzt.
MARIANNE. Ich weiß, wie sehr dir mein Vertraun gebührt:
Was rätst du mir?
DORINE. Sich Frau Tartuffe zu nennen.
MARIANNE. Nun, weil mein Schicksal dich nicht rührt,
So will ich blind in mein Verderben rennen.
Verzweiflung wird mir schnell ein Mittel reichen,
Bei dem man keine andre Hilfe braucht.

Will gehen.

DORINE *ihr nacheilend.* Halt, halt! Mein Zorn ist halb verraucht.
Man läßt sich schließlich doch erweichen.
MARIANNE. Glaub mir, bevor ich des Altares Stufen
Mit ihm besteige, lieber in den Tod!
DORINE. Nur nicht so hitzig. Noch ist keine Not …
Da kommt Valer – und grade wie gerufen.

Vierter Auftritt

Vorige. Valer.

VALER. Ich weiß nicht, Fräulein, ob man sich geirrt:
Mir ist da eine Nachricht zugekommen …
MARIANNE. Was denn?
VALER. Daß Herr Tartuffe Ihr Gatte wird.
MARIANNE. Mein Vater hat es sich so vorgenommen.
VALER. Ihr Vater?

MARIANNE. Ja, so lautet sein Entschluß;
  Noch eben hat er mir's befohlen.
VALER. Im Ernst?
MARIANNE. In vollem Ernst und unverhohlen
  Sagt er, daß ich mich ihm verbinden muß.
VALER. Und Sie besinnen sich wohl noch?
MARIANNE. Ich weiß nicht …
VALER. O, die Antwort ist vergnüglich!
  Sie wissen nicht …
MARIANNE. Nein. – Raten **Sie** mir doch!
VALER. Dann rat' ich: Nehmen Sie ihn unverzüglich!
MARIANNE. Das ist Ihr Rat?
VALER. Ja.
MARIANNE. Wirklich?
VALER. Unbedingt.
  Die Wahl ist lobenswert, man muß gestehn!
MARIANNE. Mein Herr, was Sie mir raten, soll geschehn.
VALER. Ich merke, daß es Ihnen leicht gelingt.
MARIANNE. Nicht leichter als das Raten Ihnen.
VALER. Ich riet so, weil ich zählt' auf Ihren Dank.
MARIANNE. Ich folge, um den Ihren zu verdienen.
DORINE *sich nach dem Hintergrund zurückziehend; beiseite.* Mir scheint,
  das wird ein regelrechter Zank.
VALER. Das also nennt man Liebe! Und Sie schworen
  Mir einstmals …
MARIANNE. Fangen Sie davon nicht an!
  Sie haben klar gesagt, daß ich den Mann
  Heiraten müsse, den man mir erkoren,
  Und werd' ich jetzt willfährig sein,
  So hab' ich Ihrem guten Rat gehuldigt.
VALER. Sie meinen, daß Sie das entschuldigt?
  Entschlossen waren Sie von vornherein.
  Gut, daß es einen nicht'gen Vorwand gibt,
  Um Ihren Wortbruch zu verbrämen.
MARIANNE. Sie haben Recht!
VALER. Recht hab' ich anzunehmen,
  Daß Sie mich wahrhaft nie geliebt.
MARIANNE. Nehmen Sie's an! Ich habe nichts dagegen.

VALER. So? Nichts dagegen? Mein gekränkter Sinn
  Geht schon vielleicht auf ganz denselben Wegen:
  Ich weiß ein Herz, dem ich willkommen bin.
MARIANNE. Ich zweifle nicht. So groß Verdienst darf hoffen …
VALER. Ach, mein Verdienst ist nicht der Rede wert;
  Sie selber haben mich davon belehrt.
  Allein ich hab' ein weiblich Herz getroffen,
  Das gütig, wenn ein ältres Band zerrissen,
  Mir bieten wird vollwertigen Ersatz.
MARIANNE. Dem guten Herzen mach' ich gerne Platz:
  Es wird Sie sicher schnell zu trösten wissen.
VALER. Mein ganz Bemühn setz' ich daran!
  Untreue muß man einem Weib vergällen,
  Und wenn man sie nicht gleich vergessen kann,
  Soll man sich wenigstens so stellen.
  Denn eine Feigheit wär' es, ein Verbrechen,
  Durch Liebe noch zu lohnen, den Verrat.
MARIANNE. Sehr männlich und sehr edel, in der Tat.
VALER. Gewiß, und niemand wird mir widersprechen.
  Ja, soll ich Ihnen denn fürs ganze Leben
  Treu bleiben und in Lieb' ergeben,
  Derweil Sie eines andern Arm umfaßt?
  Ist denn mein Herz nicht frei für neue Ketten?
MARIANNE. Sie hören ja, daß mir's vortrefflich paßt.
  Wenn Sie's nur schon verwirklicht hätten!
VALER. Sie wünschen's?
MARIANNE. Ja.
VALER. Nun reißt mir die Geduld!
  Sie wünschen's, Fräulein, und ich werd's vollbringen.

  Er macht einen Schritt zur Tür.

MARIANNE. Sehr schön!
VALER *umkehrend*. Doch wohlgemerkt, nur Sie sind schuld,
  Da Sie zum Äußersten mich zwingen.
MARIANNE. Jawohl.
VALER *noch einmal umkehrend*. – Und da Sie zu dem ganzen Plan
  Das Beispiel gaben.
MARIANNE. Will ich zugestehn.

VALER *an der Tür.* Genug! Sie wünschen's und es wird getan.
MARIANNE. Das freut mich sehr.
VALER *kommt wieder zurück.* Auf Nimmerwiedersehn!

Geht nach der Tür. Kleine Pause.

MARIANNE. Auch gut!
VALER *dreht sich hart an bei Tür um.* Wie?
MARIANNE. Was?
VALER. Sie riefen mir, nicht wahr?
MARIANNE. Das träumten Sie.
VALER. So eil' ich denn von hinnen!
MARIANNE. Mein Herr!
VALER. Mein Fräulein!

Geht ganz langsam nach hinten.

DORINE *zu Marianne.* Es ist sonnenklar,
    Ihr alle beide seid von Sinnen.
    Ich wollte sehn, wie weit ihr's würdet treiben:
    Drum hört' ich dem Krakeel so lange zu. –
    He! Herr Valer!

Sie zieht Valer am Arm.

VALER *scheinbar widerstrebend.* Dorine, was willst du?
DORINE. Hierher, ich bitte!
VALER. Nein, ich darf nicht bleiben.
    Was sie gewünscht hat, das geschehe.
DORINE. Nur einen Augenblick!
VALER. Es ist beschlossen.
DORINE. O!
MARIANNE *beiseite.* Meine Gegenwart macht ihn verdrossen;
    Am besten ist es, wenn ich gehe.
DORINE *läßt Valer los und läuft hinter Marianne drein.*
    Jetzt Die! – Wohin?
MARIANNE. Laß mich!
DORINE. Das darf nicht sein!
MARIANNE. Dorine, suche nicht, mich zu verhindern …
VALER. *beiseite.* Ich sehe längst, mein Anblick macht ihr Pein;
    Nun, diese Marter will ich lindern.

DORINE *eilt von Marianne wieder zu Valer.* Jetzt wieder Der! Zum
  Henker! Wollt ihr endlich
Den Unsinn lassen! Kommt nur beide her!

  *Sie nimmt Valer und Marianne bei der Hand und nähert sie
  einander.*

VALER *zu Dorine.* Was willst du?
MARIANNE *zu Dorine.* Was ist dein Begehr?
DORINE. Euch zu versöhnen, selbstverständlich.

  Zu Valer.

  Sind Sie denn toll, solch Zanken anzufangen?
VALER. Du hörtest ja, wie sie mich aufgeregt.
DORINE *zu Marianne.* Ist's nicht verrückt, wenn man sich so beträgt?
MARIANNE. Du sahst ja, wie er mit mir umgegangen.
DORINE. Einfältig wart ihr alle zwei. –
  Zu Valer. Ihr einziger Wunsch ist, Ihnen zu gehören.
  Zu Marianne. Er liebt nur Sie und sehnt den Tag herbei,
  Der ewig Sie vereint: ich kann's beschwören.
MARIANNE *zu Valer.* Wozu denn aber einen solchen Rat?
VALER *zu Marianne.* Wozu denn eine solche Frage grad?
DORINE. Toll seid ihr, sag' ich! – Euch die Hand gereicht!
  Zu Valer. Was zögern Sie?
VALER *gibt Dorine seine Hand.* Die Hand?
DORINE *zu Marianne.* Und nun die Ihre!
MARIANNE. Was soll das alles heißen?
DORINE. Wird's vielleicht?
  Ihr liebt euch beide tiefer, als ihr denkt.

  *Valer und Marianne halten sich bei der Hand, ohne sich
  anzusehen*

VALER *sich zu Marianne wendend.* Ja, wenn man tut, als ob man
  sich noch ziere,
Und einem nicht einmal ein Blickchen schenkt …

  Marianne wendet sich lächelnd zu Valer

DORINE. Verliebten fehlt doch immer eine Schraube.
VALER *zu Marianne.* Gestehen Sie, ich war mit Recht verletzt.

Auch war's nicht hübsch von Ihnen, wie ich glaube,
Daß Sie mit Gleichmut mir den Schlag versetzt.
MARIANNE. O Undankbarster aller Undankbaren ...
DORINE. Den Streitfall können wir uns noch versparen.
Jetzt fragt sich's, wie der Heirat man entgeht.
MARIANNE. Nun sag, wie soll uns das gelingen?
DORINE. Wir lassen alle Minen springen.
Ihr Vater ist verrückt – *Zu Valer.* der Kopf ist ihm verdreht.
Zu Marianne Sie aber zeigen jetzt am besten Proben
Von Fügsamkeit, so bunt er's immer treibt;
Dann wird, wenn sonst nichts übrig bleibt,
Die Hochzeit weiter stets hinausgeschoben.
Wer Zeit gewinnt, hat viel gewonnen.
Bald werden Sie vom Schnupfen angesteckt,
Der nicht so schnell vergeht, wie er begonnen;
Bald hat ein Unglückszeichen Sie erschreckt:
Ein Leichenzug, dem Sie begegnet,
Ein böser Traum, ein Glas, das Sie zerbrochen,
Und schließlich – eh' das Jawort ausgesprochen,
Gibt's keinen Priester, der Sie segnet.
Jedoch, damit wir völlig sicher gehn,
Darf niemand euch beisammen sehn.
Zu Valer. Drum fort! Die Freunde mögen Sie beschützen
Vorm Wortbruch, den man Ihnen droht.
Der Bruder soll uns gleichfalls unterstützen;
Auch Stiefmama gehört zum Aufgebot.
Mit Gott!
VALER *zu Marianne.* Was wir gemeinsam auch erstreben,
Vor allem gibt Ihr Herz mir Zuversicht.
MARIANNE *zu Valer.* Für meines Vaters Willen bürg' ich nicht;
Ich aber hab' gewählt – fürs ganze Leben!
VALER. Das gibt mir Kraft! Und wenn Gefahren winken ...
DORINE. Solch Pärchen hat doch nie sich ausgeschwätzt!
Nun fort mit euch.
VALER *zurückkommend.* Ich will nur ...

Reicht Marianne hinter Dorinens Rücken die Hand.

DORINE. Fertig jetzt!
Sie gehn zur Rechten, Sie zur Linken.

> *Sie stößt sie mit leichtem Druck auseinander. Beide werfen sich in ber Tür noch Kußhände zu, während Dorine, Luft schöpfend, mit in die Seite gestemmten Armen in der Mitte der Bühne steht.*

Dritter Akt

Erster Auftritt

Damis. Dorine.

DAMIS. Der Blitz soll auf mich niederschlagen,
    Ein Schurke will ich sein vor jedermann,
    Wenn alle Macht der Welt mich zwingen kann,
    Dies Treiben länger zu ertragen.
DORINE. Nur nicht so aus dem Häuschen, bitte!
    Ihr Vater sprach vorerst nur von dem Plan:
    Gesagt ist lang noch nicht getan,
    Und von dem Wunsch zum Ziel sind tausend Schritte.
DAMIS. Doch diesem Schuft von geistlichem Berater,
    Dem Schleicher sag' ich was ins Ohr.
DORINE. Nur Ruhe! Gegen ihn und Ihren Vater
    Rückt besser Ihre Mutter vor.
    Ihr Einfluß auf Tartuffe ist nicht geringe;
    Was sie befiehlt, er tut's gewissenhaft;
    Ich wette, daß er sich in sie vergafft.
    Gott geb's! Dann sitzt er in der Schlinge.
    Sie nimmt ihn einfach ins Gebet,
    Erforscht aus seinem eignen Munde,
    Wie er sich stellt zu diesem Ehebunde,
    Und macht ihm klar, was zu befürchten steht,
    Falls er auf diesen Vorsatz nicht verzichtet. –
    Sobald er seine Andacht hat verrichtet,
    Sagt mir sein Diener, kommt er hier herein.
    Drum gehen Sie, die beiden nicht zu stören.
DAMIS. Ich wünsche dies Gespräch zu hören.
DORINE. Kein Dritter darf …
DAMIS. Ich werde ruhig sein.
DORINE. Sie ruhig? Sie? Wir kennen Ihre Schwäche!
    Ihr Ungestüm wär' grade gut dafür.
DAMIS. Wenn ich mich doch zu mäßigen verspreche!
DORINE. Er kommt! Sie Unglücksmensch – durch diese Tür!

Sie drängt ihn nach dem Kabinett im Hintergrund.

Zweiter Auftritt

Tartuffe. Dorine.

TARTUFFE *spricht, sobald er Dorine bemerkt, zu seinem Diener in die*
  Szene zurück.
  Lorenz, das Bußkleid und den Strick schließ ein!
  Gott schütze deine Seele vor Bedrängnis!
  Wer nach mir fragt – ich gehe zum Gefängnis
  Und bring' den Ärmsten ein paar Pfenniglein.
DORINE *beiseite.* Windbeutel du! Wer glaubt dir dies Gebimmel?
TARTUFFE. Was wünschen Sie?
DORINE. Ich wollte ...
TARTUFFE *zieht ein Taschentuch hervor.* O mein Himmel!
  Ich bitte, nehmen Sie zunächst dies Tuch!
DORINE. Wozu?
TARTUFFE. Um Ihren Busen zu bedecken!
  Auf solchem Anblick lastet Gottes Fluch!
  Das könnte sündige Gedanken wecken.
DORINE. Sie scheinen für Versuchung sehr empfänglich,
  Sehr leicht erregt von Fleisch und Blut:
  Merkwürdig rasch geraten Sie in Glut.
  Ich meinesteils bin dafür unzugänglich.
  Ich würde von Versuchung nicht gepackt,
  Und, säh ich Sie auch splitternackt.
TARTUFFE. Ich bitte Sie, mehr Anstand zu bewahren,
  Sonst geh' ich auf der Stelle fort.
DORINE. Das will ich Ihnen gern ersparen:
  Ich gehe selber schon; nur noch ein Wort:
  Madame läßt fragen, ob sie hoffen kann,
  Daß Sie ihr eben jetzt ein Stündchen schenken.
TARTUFFE. Ei, ei, sehr gerne!
DORINE *beiseite.* Darauf beißt er an.
  Das könnt' ich mir wahrhaftig denken.
TARTUFFE. Und kommt sie bald?
TARTUFFE. Da hör' ich sie gerade!
  Jawohl, sie ist's. Ich ziehe mich zurück.

Geht ab Tür links, durch welche Elmire eintritt

Dritter Auftritt

Elmire. Tartuffe.

TARTUFFE. Mög' Ihnen durch des Himmels reiche Gnade
  Gesundheit stets erblühn und Seelenglück;
  Dies wird in sein Gebet alltäglich flechten
  Der niedrigste von Gottes Knechten.
ELMIRE. Ich bin für Ihren frommen Wunsch verbunden.
  Doch wär' es nicht bequemer, Platz zu nehmen?
TARTUFFE *setzt sich.* Ihr Unwohlsein ist hoffentlich verschwunden?
ELMIRE *setzt sich.* Durchaus; das Fieber ließ sich rasch bezähmen.
TARTUFFE. Zwar ist es schwerlich mein Verdienst gewesen,
  Wenn Sie des Himmels Huld so schnell befreit;
  Jedoch zu Gott hab' ich die ganze Zeit
  Inbrünstiglich gefleht, daß Sie genesen.
ELMIRE. Ihr Eifer nahm die Sache viel zu schwer.
TARTUFFE. Man kann Ihr Wohl niemals zu eifrig lieben;
  Tät's not, ich gäb' dafür das meine her.
ELMIRE. Das heißt die Christlichkeit sehr weit getrieben;
  Ich fühle mich als Ihre Schuldnerin.
TARTUFFE. Mein dürftiges Bemühn kann niemals wagen …
ELMIRE. Ich muß Sie etwas im Vertrauen fragen;
  Drum gut, daß ich allein mit Ihnen bin.
TARTUFFE. O, mich entzückt dies Wort aus Ihrem Munde:
  Allein mit Ihnen, ungestört!
  Wie bat ich Gott um eine solche Stunde!
  Doch hat er mich bis heute nicht erhört.
ELMIRE. Bei dieser Unterredung säh' ich gern,
  Daß Sie ganz offen sind und nichts verschweigen.

Damis öffnet unbemerkt die Tür des Kabinetts, um das
Gespräch zu belauschen.

TARTUFFE. Ich preise meines Glückes Stern,
  Der mir erlaubt, mein Innerstes zu zeigen.
  Und wenn ich zürnend gegen Artigkeiten
  Der lästigen Besucher schalt und focht,

Bei Gott, nicht Haß hat mich dazu vermocht;
Nur Übereifer konnte mich verleiten
Und ein Gefühl …
ELMIRE. Ich will es nicht verdammen,
Wenn's meinem Seelenheile widerfuhr.
TARTUFFE *ergreift ihre Hand und drückt sie.* O, sicherlich! Und meiner
Inbrunst Flammen …
ELMIRE. Au! Sie tun weh …
TARTUFFE. Aus Übereifer nur.
Ich Ihnen weh tun! Vielmehr möcht' ich hoffen,
Daß ich … *Er legt die Hand auf Elmirens Knie*
ELMIRE. Was hat da Ihre Hand zu tun?
TARTUFFE. Ich bin ein Freund von weichen Kleiderstoffen.
ELMIRE. Und ich bin kitzlig; lassen Sie das nun!

Elmire rückt mit ihrem Stuhl fort; Tartuffe rückt ihr nach.

TARTUFFE *befühlt Elmirens Halstuch.* Mein Gott, wie ist das hübsch
gestickt;
Man ist jetzt wirklich weit in diesem Fache;
Nie hab' ich etwas Ähnliches erblickt.
ELMIRE. Ja, ja; doch kommen wir zur Sache!
Es heißt, mein Mann, der schon sein Wort verpfändet,
Will Sie zum Schwiegersohn. Was ist daran?
TARTUFFE. Er sagt's; doch wenn ich offen reden kann,
Dies ist das Glück nicht, das mich blendet.
Ganz anderswo erblick' ich Seligkeiten
Und suche sie mit sehnsuchtsvoller Pein.
ELMIRE. Durch Erdenlust sind Sie nicht zu verleiten.
TARTUFFE. Es wohnt in meiner Brust kein Herz von Stein.
ELMIRE. Ich weiß, Sie sind im Himmel nur zu Haus,
Und nichts von dieser Welt kann Sie bewegen.
TARTUFFE. Die Liebe, die wir für den Himmel hegen,
Sie löscht die Glut der irdischen nicht aus.
Und sollen unsre Sinne nicht entflammen
Für Gottes höchstes Meisterstück?
Strahlt es nicht seine Göttlichkeit zurück?
Strömt nicht sein hellster Glanz darauf zusammen?
Er gab der Frauenschönheit den Beruf,

Den Blick zu rühren und das Herz zu wärmen;
Für sein vollendetes Geschöpf zu schwärmen
Heißt ihn anbeten, der es schuf:
So lieb' ich Sie, sein schönstes Ebenbild,
So lieb' ich Sie, bereit für Sie zu sterben! –
Erst fürchtet' ich, der Teufel sei gewillt,
Durch diese Leidenschaft mich zu verderben;
Ich war entschlossen, Sie zu fliehn,
Aus Angst vor der Versuchung, die mir drohte.
Doch dies Gefühl, das mir so sündig schien,
Hält Leidenschaft mit Sittsamkeit gepaart
Und lästert keine heiligen Gebote;
Drum hab' ich länger nicht mein Herz bewahrt,
Wohl ist es tollkühn, Ihnen zu vertraun,
Wie heiß dies Herz für Sie erglühte;
Wohl darf ich auf mein schwaches Flehn nicht baun;
Doch bau' ich um so mehr auf Ihre Güte.
Sie sind mein Heil, mein Hort, mein Traum, mein Wachen,
Sind meine Seligkeit und meine Qual;
Bei Ihnen, nur bei Ihnen steht die Wahl,
Ob Sie mich glücklich oder elend machen.
EIMIRE. Das ist ja eine artige Erklärung,
  Die mich doch ziemlich in Erstaunen setzt.
  Ich meine doch, daß grade Sie zuletzt
  Berechtigt sind zu dieser Art Verehrung,
  Sie, der als Frommer überall bekannt …
TARTUFFE. Ein Frommer bin ich, doch ein Mensch daneben,
  Und wer sich Ihrer Schönheit hingegeben,
  Der ist gefesselt ohne Widerstand.
  Mit Staunen hören Sie mich also sprechen:
  Ja, glaubten Sie, daß ich ein Engel sei?
  Statt über mich den Stab zu brechen,
  Verklagen Sie sich selbst der Zauberei!
  Seit mich Ihr überird'scher Glanz umflossen,
  Beherrschen Sie mein Herz als Königin;
  Seit diese Himmelsanmut mir erschlossen,
  Schmolz alle meine Festigkeit dahin.
  Ich rang in Tränen, Fasten und Gebeten

Vergeblich gegen Ihrer Reize Macht!
Was tausend Blicke, tausend Seufzer flehten,
Ich hab' es nur in Worte noch gebracht.
Ach, wär' Ihr gütiges Erbarmen
Nicht gegen Ihres Knechtes Notschrei taub,
Und wollten Sie in mitleidvollen Armen
Mich Niedrigsten emporziehn aus dem Staub,
O glauben Sie mir, süßes Weib, ich wäre
Von grenzenloser Treue bis zum Tod;
Verbürgen wollt' ich mich, daß Ihrer Ehre
Niemals Verrat, niemals Entdeckung droht.
Weltliche Männer, die den Fraun gefallen,
Berühmen laut sich der Verführungskunst;
Sie lassen ihre Siege widerhallen
Und brüsten sich mit der genoßnen Gunst;
Durch prahlerische Redefluten
Entweihn sie keuscher Opferung Altar.
Bei Leuten **unsres** Schlags droht **nie** Gefahr;
Die nähren schweigend die geheimen Gluten.
Besorgt um unsern Ruf in tiefster Brust
Entziehn wir der Geliebten jedes Bangen;
Von uns und **nur** von uns läßt sich erlangen
Lautlose Lieb' und angstbefreite Lust.
ELMIRE. Ich hörte ruhig Ihren Redeschwung;
Er ließ an Deutlichkeit nicht viel vermissen.
Wie aber, ließ' ich zur Erwiderung
Ihr zart Geständnis meinen Gatten wissen?
Die Kunde dieser Liebesglut
Vermöchte wohl die Freundschaft abzuschwächen.
TARTUFFE. O, dazu sind Sie viel zu gut,
Um meine Kühnheit so zu rächen.
Ich weiß, wenn dies Gefühl Sie auch beleidigt,
Daß Sie nicht unbarmherzig sind
Und daß Ihr eigner Spiegel mich verteidigt;
Denn ich bin nur ein Mensch und bin nicht blind.
ELMIRE. Nun, andre würden anders sich betragen;
Ich aber hab' im Leben nie geschwätzt
Und werde meinem Mann nichts wiedersagen;

Jedoch als Gegendienst verlang' ich jetzt,
Daß Sie Mariannens Heirat mit Valer
Mit offner Stirne Beifall zollen,
Daß Sie verzichten und sich niemals mehr
An eines andern Gut vergreifen wollen,
Und ...

Vierter Auftritt

Vorige. Damis.

DAMIS *tritt aus dem Kabinett hervor.* Nein! Ich werd's der Welt
    berichten!
  In diesem Winkel hört' ich jedes Wort:
  Durch Gottes Fügung war ich dort,
  Um dieses Heuchlers Pläne zu vernichten,
  Um mir den Weg der Rache zu erhellen
  Und einen Schurken, der uns frech verhöhnt
  Und Ihnen gar von Liebe stöhnt,
  Dem Vater in das rechte Licht zu stellen.
ELMIRE. Nein, Damis, nein, er wird schon in sich gehn
  Und meiner Langmut nicht den Dank versagen.
  Was ich versprach, das soll geschehn;
  Ich will's vermeiden, Lärm zu schlagen.
  Dummheiten sind's, die eine Frau verlacht;
  Doch stört sie nicht damit des Mannes Frieden.
DAMIS. Sie haben es nach Ihrer Art gemacht,
  Ich habe nach der meinigen entschieden.
  Ihm zu vergeben wäre Spott und Hohn!
  Sein Gleisnerhochmut hat zu lange schon
  Dem Zorn getrotzt, den ich mit Recht empfand,
  Zu lange sich im Haus als Herr gebärdet,
  Den Vater dreist geführt am Gängelband,
  Mir und Valer das Lebensglück gefährdet.
  Daß er entlarvt wird, ist die höchste Zeit.
  Der Himmel selbst scheint uns zu unterstützen
  Und bietet freundlich die Gelegenheit;
  Sie ist zu günstig, um sie nicht zu nützen:

Die Huld verdient' ich wahrlich schlecht,
Wollt' ich sie müßig aus den Händen lassen.
ELMIRE. Damis! …
DAMIS. Ich bin in meinem guten Recht!
  Noch weiß ich mich vor Freude nicht zu fassen,
  Daß ich mich endlich, endlich rächen kann!
  Vergebens suchen Sie mich zu bewegen;
  Kein Aufschub mehr, kein Überlegen!
  Da kommt der Vater; nun wohlan!

Fünfter Auftritt

Vorige. Orgon.

DAMIS. Mein Vater, da Sie selber hier erschienen,
  Vernehmen Sie das Neuste, was es gibt:
  Wie man gehäufte Wohltat zu verdienen
  Und Ihre Güte zu belohnen liebt.
  Der Herr, der so von frommem Eifer brannte,
  Sie zu beschimpfen hegt er jetzt Begier:
  Ich hörte, wie er Ihrer Gattin hier
  Verbrecherische Leidenschaft bekannte.
  In ihrer Sanftmut macht sie mir's zur Pflicht,
  Geheimzuhalten sein Verschulden;
  Doch würd' ich schweigend solche Frechheit dulden,
  Dann schlüg' ich Ihrer Ehre ins Gesicht.
ELMIRE. Mir scheint, daß man mit Reden dieser Art
  Nicht seines Mannes Ohr beleidigt,
  Und daß die Ehre sich am besten wahrt,
  Solange sie sich selbst verteidigt.
  So sagt mir mein Gefühl, und Damis sprach,
  Weil meine Wünsche ihm nichts galten.

Sechster Auftritt

Orgon. Damis. Tartuffe.

ORGON. O Himmel! Soll man's denn für möglich halten!
TARTUFFE. Ja, ja, mein Bruder, ich bin schlimm genug,

Ein Missetäter voller Schuld und Schmach,
Der größte Schelm, den je die Erde trug.
Mein Leben ist verbrecherisch und schändlich,
Mit allen Freveln, allem Schimpf befleckt,
Und ich erkenne, daß der Himmel endlich
Die Strafe solchen Tuns an mir vollstreckt.
Mag man der größten Schandtat mich verklagen,
Mich zu verteid'gen heg' ich nicht den Mut:
Sie dürfen's glauben, dürfen mich voll Wut
Wie einen Schurken aus dem Hause jagen;
Und stieße mir die größte Schande zu,
Sie reicht nicht, meine Frevel auszumerzen.
ORGON *zu seinem Sohn.* Verräter, mit Verleumdung wolltest du
Die Reinheit seiner Tugend schwärzen!
DAMIS. Wie, was? Sie fallen in die plumpe Grube,
Die dieser Heuchler …
ORGON. Schweig, verwünschter Bube!
TARTUFFE. Nein, lassen Sie ihn reden immerhin!
Sie täten besser, Glauben ihm zu schenken.
Warum nach solcher Tat an Milde denken?
Denn, ahnen Sie, wozu ich fähig bin?
Ja, Bruder, wenn mein Äußeres allein
Sie gläubig und vertrauend mir gesellte,
So ließen Sie sich täuschen von dem Schein;
Denn ich bin leider nicht, wofür ich gelte;
Wenn mich die Welt als braven Mann verehrt,
In Wahrheit bin ich keinen Heller wert.

Wendet sich zu Damis

Nur zu, mein Sohn, behandeln Sie mich munter
Als Lumpen, Gauner, Mörder, Dieb,
Und wenn ein schlimmres Scheltwort übrig blieb,
Ich hab's verdient und schluck' es still hinunter.
Ja, schmähen Sie drauf los; zu Ihren Füßen
Will ich die Sünden meines Lebens büßen.

Er kniet.

ORGON *zu Tartuffe.* Zu viel, mein Bruder! *Zu seinem Sohn.*
  Bleibst du unbeweglich,
  Verräter?
DAMIS. Wie? Verführt Sie dies Geschwätz?
ORGON. Schweig, Lümmel! *Hebt Tartuffe auf.*
  Bruder, das ist nicht Ihr Platz!
  Zu seinem Sohn. Schamloser!
DAMIS. Wenn er doch …
ORGON. Schweig!
DAMIS. Unerträglich!
ORGON. Nur noch ein Wort, dann brech' ich dir die Knochen!
TARTUFFE. Um Gott, mein Bruder, nicht so eifervoll!
  Ich will mich jeder Marter unterjochen,
  Bevor man ihm ein Härchen krümmen soll.
ORGON *zu seinem Sohn.* Du Unmensch!
TARTUFFE. Gnade! Auf den Knieen will
  Ich für ihn flehn …!
ORGON *wirft sich gleichfalls auf die Knie und umarmt Tartuffe.*
  O, wie Sie mich beschämen!
  Zu seinem Sohn Schurk, dank ihm!
DAMIS. Aber …
ORGON. Ruhe!
DAMIS. Wenn doch …
ORGON.Still!
  Ich weiß, warum du strebst, ihn zu verfemen.
  Ihr haßt ihn all'; ich sehe gegen ihn
  Frau, Kinder, Dienerschaft verbunden;
  Kein Mittel habt ihr zu gemein gefunden,
  Um einen edlen Freund mir zu entziehn.
  Je mehr ihr gegen diese Freundschaft sprecht,
  Um so beredter bitt' ich ihn zu bleiben,
  Und meine Tochter geb' ich ihm erst recht!
  Ich will euch den Familienstolz vertreiben.
DAMIS. Nach solch erzwungner Ehe steht Ihr Sinn?
ORGON. Sie kriegt ihn noch heut abend, euch zum Possen;
  Denn zu beweisen bin ich fest entschlossen,
  Daß ich der Herr in diesem Hause bin.
  Schnell, Spitzbub', widerruf, was du gesagt;

Fußfällig fleh ihn an, dir zu vergeben.

DAMIS. Ich? Diesen Schwindler, der es wagt …

ORGON. Was! Neue Schmähung, neues Widerstreben!

Wo ist mein Stock! *Zu Tartuffe, der unbeweglich dasteht.*
Nein, hindern Sie mich nicht!

Zu seinem Sohn. Fort! Augenblicklich fort aus meinem Haus,
Und komme mir nie wieder vors Gesicht!

DAMIS. Nun gut, ich gehe; aber …

ORGON. Marsch, hinaus!

Mißratener, du sollst enterbt verkommen,
Und meinen Fluch nimm auf die Reise mit.

Siebenter Auftritt

Orgon. Tartuffe.

ORGON. So zu verleumden einen wahren Frommen!

TARTUFFE. Vergib ihm, Gott, was ich durch ihn erlitt!

Zu Orgon. Ach, wüßten Sie, wie namenlos es schmerzt,
Daß man bei meinem Bruder mich verschwatzt …

ORGON. O Jammer!

TARTUFFE. Solchen Undank zu erwerben,

Ich kann's nicht denken, tragen kann ich's nicht …
Mich packt ein Schauder; meine Stimme bricht …
Mein Herz zerspringt … Ich werde daran sterben.

ORGON. *Bricht in Tränen aus und läuft zur Tür, aus der er seinen
Sohn gejagt hat.*

Schurk, mir tut leid, daß ich mit eignen Händen
Nicht lieber auf dem Fleck dich umgebracht.

Zu Tartuffe. Fassung, mein Bruder! Nicht mehr dran gedacht!

TARTUFFE. Nein, nein, wir wollen all den Hader enden.

Ich bin in diesem Haus der Störenfried;
Zum Scheiden fühl' ich mich deshalb gezwungen.

ORGON. Sie scherzen wohl?

TARTUFFE. Man haßt mich hier, entzieht

Mir Ihr Vertrauen durch Verdächtigungen …

ORGON. Was tut's? Bleibt nicht mein Herz dafür verriegelt?

TARTUFFE. Man wird nicht ruhen, bis das Ziel erreicht,

Und hat man heut Sie noch nicht aufgewiegelt,
Nun, dann gelingt's ein andermal vielleicht.
ORGON. Niemals, mein Bruder, niemals!
TARTUFFE. Allzugerne
Leiht man der eignen Frau ein willig Ohr.
ORGON. Nein, nein!
TARTUFFE. Indem ich mich von hier entferne,
Mein Bruder, komm' ich jedem Streit zuvor.
ORGON. Sie bleiben hier! Mein Leben hängt daran.
TARTUFFE. Das heißt fürwahr ein schweres Opfer bringen;
Doch wenn Sie drauf bestehn …
ORGON. O!
TARTUFFE. Nun, wohlan!
Doch eins tut not vor allen Dingen:
Empfindlich ist die Ehre, leicht versehrt;
Die Pflicht befiehlt, der Lästrung vorzubeugen:
Drum meid' ich Ihre Frau, um Sie zu überzeugen …
ORGON. Nun will ich grad, daß ihr recht viel verkehrt.
Die Welt zu ärgern ist mein Hochgenuß.
Den ganzen Tag sollt ihr beisammen sein;
Ja, nicht genug: der Rotte zum Verdruß
Erwähl' ich Sie zum Erben, Sie allein.
Ich eile, rechtsverbindlich heute schon
Die Schenkung des Vermögens aufzusetzen.
Ein solcher Freund, ein solcher Schwiegersohn
Ist mehr als Eltern, Kind und Frau zu schätzen.
Ich hoffe doch, Sie haben nichts dagegen?
TARTUFFE. Was auch der Himmel schickt, ich folge blind.
ORGON. Der Ärmste! – Zum Notare jetzt geschwind;
Die Neider sollen platzen meinetwegen.

Vierter Akt

Erster Auftritt

Cleant. Tartuffe.

CLEANT. Ja, davon spricht man, und ich sag' es offen,
 Ihr Ansehn läuft bei diesem Lärm Gefahr,
 Und weil ich Sie zum Glücke hier getroffen,
 Will ich mit Ihnen reden klipp und klar:
 Den Vorfall selber lass' ich außer acht;
 Ich nehm' ihn gern von seiner schlimmsten Seite.
 Doch hat auch Damis Unrecht in dem Streite,
 Und fiel auf Sie ein fälschlicher Verdacht,
 So sollten Sie vergeben als ein Christ,
 Damit nicht Rachedurst Ihr Herz versuche,
 Und nicht gestatten, daß um solchen Zwist
 Ein Vater seinen eignen Sohn verfluche.
 Ja, noch einmal: ich kann's nur unterschreiben,
 Wenn alle Welt darüber sich entsetzt;
 Mein Rat ist, daß Sie Frieden stiften jetzt
 Und nicht zum Äußersten die Sache treiben.
 Drum legen Sie den Zorn demütig nieder
 Und geben Sie den Sohn dem Vater wieder.
TARTUFFE. Ging' es nach meinem Herzen, o wie gerne!
 Ich denke seiner ohne Bitterkeit,
 Hab' ihm verziehn; ein Vorwurf liegt mir ferne,
 Und ihm zu dienen wär' ich stets bereit.
 Doch daran hindert mich der Finger Gottes;
 Kommt **er** zurück, dann ist's an mir zu weichen.
 Nach seiner Tat, die wahrlich ohnegleichen,
 Wär' unser Umgang stets ein Quell des Spottes.
 Der Himmel weiß, was man vermuten müßte!
 Aus Politik, so sagte dann die Welt,
 Und nur weil ich mich selber schuldig wüßte,
 Hätt' ich mich gar so mitleidvoll gestellt
 Und hätt' aus Furcht geschont den Feind,

Um ihn dadurch zum Schweigen zu verpflichten.
CLEANT. Ausflüchte sind das alles und Geschichten,
    Die sehr weit hergeholt sind, wie mir scheint.
    Hat Gott Sie mit dem Richteramt beschwert,
    Und braucht er Sie zur Strafe der Verbrechen?
    Ihm, ihm allein liegt ob, die Schuld zu rächen:
    Bedenken Sie, daß er Vergebung lehrt
    Und daß ein solch Gebot aus Gottes Mund
    Weit wicht'ger ist als Klatsch auf Markt und Gassen.
    »Man könnte glauben!« Ist das auch ein Grund,
    Um gute Taten ungetan zu lassen?
    Nein, nein, wer auf den Wegen Gottes wandelt,
    Den kümmern solche Sorgen nie.
TARTUFFE. Ich sagte schon, daß ihm mein Herz verzieh;
    Das heißt gewiß nach Gottes Wort gehandelt.
    Jedoch nach diesem Auftritt, dieser Kränkung
    Gebietet Gott mir nicht, mit ihm zu leben.
CLEANT. Gebietet er vielleicht, Gehör zu geben,
    Sobald von Launenhaftigkeit verführt
    Der Vater Sie belehnt mit einer Schenkung,
    Die anderen nach Recht und Pflicht gebührt?
TARTUFFE. Wer mich nur halbwegs kennt, der glaubt wohl schwerlich,
    Daß ich aus Habsucht mich dazu verstand.
    Die Schätze dieser Welt sind mir entbehrlich;
    Mich blendet nicht der trügerische Tand.
    Und hab' ich diese Güter angenommen,
    So reifte wahrlich mein Entschluß
    Nur dadurch, daß ich fürchten muß,
    Sie möchten sonst in schlechte Hände kommen,
    An einen Erben, welcher freventlich
    In eitler Weltlust sie vergeude
    Und sie nicht brauche so wie ich
    Zum Wohl des Nächsten und zu Gottes Freude.
CLEANT. Ei, halten Sie nicht so behutsam Wache,
    Daß der beraubte Erbe Klage stellt;
    Nein, lassen Sie ihm unbesorgt sein Geld:
    Wie er's verwendet, das ist seine Sache,
    Und besser noch, wenn er es selbst vertut,

Als wenn man sagt, Sie hätten es erschlichen.
Bewundern muß ich nur den Mut,
Mit dem Sie diese Schenkung eingestrichen.
Hat Gottesfurcht etwa den Sinn,
Rechtmäß'ger Erben Gut zu rauben? –
Und will der Himmel wirklich nicht erlauben,
Daß Sie mit Damis leben fernerhin,
Wär's nicht an Ihnen, als ein Ehrenmann
Sich auf den Rückzug zu verlegen,
Statt ruhig anzusehn, daß Ihretwegen
Der Sohn das Haus verläßt in Acht und Bann?
Mein Herr, entschließen Sie sich zum Verzichte,
Durch den …
TARTUFFE. Mein Herr, es ist halb vier,
Die Stunde, wo ich mein Gebet verrichte;
Drum muß ich gehen; bleiben Sie nur hier!
CLEANT *allein.* Ah!

Zweiter Auftritt

Cleant. Elmire. Marianne. Dorine.

DORINE *zu Cleant.* Möchten Sie sich auch für sie verwenden,
Mein Herr! Sie leidet Todespein, und jetzt,
Seitdem man die Verlobung festgesetzt
Auf heute, will ihr Jammer gar nicht enden.
Er kommt. Vereinten Kräften wird's gelingen,
Gewaltsam oder durch Geschicklichkeit
Von dem verwünschten Plan ihn abzubringen.

Dritter Auftritt

Vorige. Orgon.

ORGON. Ei, mir ist lieb, daß ihr beisammen seid.

Zu Marianne, ihr eine Schrift zeigend.

Siehst du, mein Kind, da hab' ich den Vertrag,
Und wenn du weißt, was drin steht, wirst du's loben.

MARIANNE *wirft sich vor Orgon auf die Knie.*
  Mein Vater, beim barmherz'gen Gott da droben,
  Bei allem, was Ihr Herz bewegen mag,
  Mißbrauchen Sie die Macht des Vaters nicht,
  Verlangen Sie Gehorsam nicht in Dingen,
  Die mich vor Gott zu Klagen zwingen,
  Zu Klagen über meine Kindespflicht.
  Wie könnten Sie, der mir das Leben gab,
  Mir dieses Lebens Glück zerstören?
  Und sank auch meine Hoffnung längst ins Grab,
  Dem Manne, den ich liebe, zu gehören,
  So fleh' ich jetzt zu Ihren Füßen:
  Vermählen Sie mich nicht mit dem verhaßten Mann!
  Denn mit Verzweiflung müßt' ich dann
  Den kindlichen Gehorsam büßen.
ORGON *bewegt, beiseite.* Sei fest, mein Herz, und zeige dich von Eisen.
MARIANNE. Daß **Sie** ihn lieben, macht mir wenig Pein.
  Ja, schenken Sie ihm, um es zu beweisen,
  Ihr ganzes Geld, und meines obendrein;
  Ich gönn' es ihm und will es nicht bedauern,
  Wenn Sie nur **mich** von ihm befreit;
  Im Kloster wünsch' ich meine Lebenszeit
  In strenger Übung zu vertrauern.
ORGON. Natürlich! Jedes Mädchen wird 'ne Nonne,
  Wenn man bekämpft die Liebesraserei!
  Steh auf! – Verschaffte dir sein Anblick Wonne,
  Dann wäre weiter kein Verdienst dabei.
  Kasteie dich durch diesen Ehebund,
  Und jetzt, verstehst du, laß mich ungeschoren.
DORINE. Unglaublich!
ORGON. Seien Sie nicht unverfroren
  Und halten Sie gefälligst Ihren Mund!
CLEANT. Wenn Sie zu meinem Rate sich bequemen …
ORGON. Ihr Rat, Herr Schwager, wird von mir verehrt
  Als überlegt und höchst beachtenswert;
  Nur scheint mir ratsam, ihn nicht anzunehmen.
ELMIRE *zu Orgon.* Fast weiß ich nicht mehr, wo der Kopf mir steht.
  Mit Ihrer Blindheit ist es weit gekommen!

Hat er Sie so benebelt und verdreht,
Daß Sie nicht glauben, was Sie heut vernommen?
ORGON. Ja, Mahlzeit! Meinen Augen glaub' ich nur.
  Weil Sie den Sohn, den Lumpen, immer schützen,
  Drum wollen Sie den Angriff unterstützen,
  Den dieser Ärmste heut von ihm erfuhr.
  Wär's wahr, an Ihrer inneren Bewegung
  Hätt' ich's gemerkt; Sie blieben viel zu still.
ELMIRE. Weil beim Geständnis einer Liebesregung
  Ich nicht gleich Zeter schreien will.
  Und soll man jed' verfänglich Wort vergelten
  Mit Flammenblick und Zornesbraus?
  Ich lache solchen Antrag einfach aus
  Und lieb' es nicht, darüber laut zu schelten.
  Sanftmut verträgt sich gut mit Sittsamkeit;
  Die Spröden hass' ich, die gleich wilden Katzen
  Mit Zähnen und mit Nägeln schnell bereit,
  Dem kühnen Feind die Augen auszukratzen.
  Vor solcher Tugend soll mich Gott bewahren!
  Ich will ein Weib und nicht ein Drache sein
  Und denke, daß ein kalt abweisend Nein
  Hinlänglich schützt vor solcherlei Gefahren.
ORGON. Ihr fangt mich nicht; ich kenne meine Leute.
ELMIRE. Noch einmal, ich bewundre Ihre Schwäche.
  Was aber sagen Sie, wenn Sie noch heute
  Mit Augen sehn, daß ich die Wahrheit spreche?
ORGON. Mit Augen?
ELMIRE. Ja.
ORGON. Ach, Dummheit!
ELMIRE. Wenn's gelingt,
  Daß Sie's im sonnenklarsten Lichte schauen ...?
ORGON. Geflunker!
ELMIRE. O, was für ein Mann! Wer zwingt
  Sie denn dazu, dem bloßen Wort zu trauen?
  Gesetzt jedoch, Sie hörten's heimlich an
  Und sähen, hier verborgen, sein Betragen,
  Was sagten Sie zu Ihrem Biedermann?
ORGON. Ich würde sagen ... gar nichts würd' ich sagen,

Weil's Unsinn ist.

ELMIRE. Die Spiegelfechterei
    Währt schon zu lang, und weil Sie mir nicht glauben,
    Werd' ich mir diesen kleinen Spaß erlauben:
    Ich mach' ihn reden, und Sie sind dabei.

ORGON. Da nehm' ich Sie beim Wort. Ich bin begierig,
    Wie Sie zu diesem Ziel gelangen.

ELMIRE *zu Dorine.* Nun rufen Sie mir ihn!

DORINE *zu Elmire.* Mir scheint es schwierig,
    Solch einen schlauen Vogel einzufangen.

ELMIRE *zu Dorine.* Um die Verliebten ist es rasch geschehn;
    Die Eitelkeit hilft mit, daß man sie leicht erwische.
    Nun schaffen Sie mir ihn.
    Zu Cleant und Marianne. Sie müssen gehn!

Vierter Auftritt

Elmire. Orgon.

ELMIRE. Verbergen Sie sich unter diesem Tische!

ORGON. Hier unterm Tisch?

ELMIRE. Ja, dies ist Ihr Versteck.

ORGON. Warum grad unterm Tisch?

ELMIRE. Mein Gott, geschwind!
    All das hat seinen guten Zweck.
    Hinunter jetzt, und wenn Sie drunten sind,
    Nicht mehr gemuckst, daß Sie sich nicht verraten.

ORGON *ihr willfahrend.* Nun, Sie verlangen wirklich etwas viel;
    Doch bin ich zu gespannt auf Ihre Taten.

ELMIRE. Dann lassen Sie mir völlig freies Spiel.

    Zu Orgon, der unterm Tisch sitzt

Noch eins: So heikel mein Benehmen scheint,
    Sie dürfen sich darüber nicht erschrecken;
    Sie wissen ja, wie jedes Wort gemeint,
    Und daß es gilt, die Täuschung aufzudecken.
    Ich habe keine Wahl; drum streb' ich nun,
    Dem Heuchler seine Larve zu entreißen,

Dem lüsternen Gesellen schön zu tun
Und seine Frechheit gutzuheißen.
Doch weil der falschen Antwort einz'ger Wert
Darin besteht, ihn ganz zu überführen,
Drum lass ich ab, sobald ich Sie bekehrt;
Wenn das erreicht ist, mögen Sie sich rühren.
An Ihnen ist es, wenn das Maß erst voll,
Zu hemmen seiner Sinne Wüten
Und Ihre Frau vor einer Glut zu hüten,
Die nur zu Ihrer Heilung dienen soll.
Sie werden Ihre Ehre selbst vertreten,
Wenn Sie … Da kommt er schon. Jetzt mäuschenstill!

Fünfter Auftritt

Tartuffe. Elmire. Orgon unterm Tisch.

TARTUFFE. Sie haben mich hierher gebeten?
ELMIRE. Ja, weil ich Ihnen was vertrauen will.
　　Erst schließen Sie die Tür zu jenem Zimmer
　　Und sehn Sie nach, ob niemand drin verborgen.

Tartuffe schließt die Tür und kommt zurück.

Denn nichts wär' für uns beide schlimmer
Als noch einmal ein Auftritt wie heut morgen.
Den Schreck vergess' ich nicht im ganzen Leben:
Wie Damis mich für Sie erzittern ließ,
Wie ich umsonst ihn schweigen hieß,
Umsonst ihn bat, den Vorsatz aufzugeben.
So kam's, daß ich die Fassung ganz verlor
Und ihn nicht Lügner schalt vor meinem Gatten;
Doch Gott sei Dank, das kommt uns grad zustatten;
Die Sicherheit ist größer als zuvor.
Ihr Ansehn hat die Wogen rasch geglättet;
Der Glaube meines Manns ist unerschütterlich,
Und um zu trotzen böser Zungen Stich,
Wünscht er uns nur noch inniger verkettet.
So darf ich furchtlos bei verschloßnen Türen

Allein mit Ihnen bleiben stundenlang
Und Ihnen künden meines Herzens Drang:
Es ließ sich leider nur zu leicht verführen.
TARTUFFE. Aus andrer Tonart sprachen Sie noch heute;
Deshalb begreif' ich es nicht recht …
ELMIRE. Wer glaubt, daß unser Sträuben viel bedeute,
Der kennt das Frauenherz nur schlecht!
Der weiß nicht, daß es sich schon halb ergeben,
Wenn es sich noch verteidigt schwach und zahm,
Daß wir auch dann noch kämpfen mit der Scham,
Wenn zarte Regungen uns schon durchbeben,
Und wenn wir schon in Liebesglut entbrennen,
Die Scheu uns nicht erlaubt, sie zu bekennen.
Man weigert sich, und während man sich weigert,
Verrät man, was im Herzen keimt und sprießt,
Daß nur die Tugend uns die Lippen schließt
Und daß ein halbes Nein die Hoffnung steigert.
Solch ein Geständnis ist vielleicht gewagt
Und will zur Sittsamkeit nicht passen;
Doch – weil ich schon so viel gesagt:
Hätt' ich denn Damis nicht gewähren lassen,
Und hätt' ich gar mit so gelaßner Miene
Der langen Liebesbeichte zugehört,
Ja, hätte sie nicht stärker mich empört,
Wenn Ihre Neigung mir ein Greuel schiene?
Und als ich dann Sie zum Verzicht ermahnt
Auf jene Heirat, die mein Gatte plant,
Erkannten Sie da nicht, wie teilnahmvoll
Ich für Sie fühle, wie mir ernstlich bange,
Daß mir zur Hälfte nur gehören soll
Ein Herz, das ich für mich allein verlange?
TARTUFFE. Nichts kann auf Erden größre Wonne sein,
Als dies vom lieben Munde hören dürfen,
Und alle meine Sinne schlürfen
Mit durst'gem Zug den süßen Honig ein!
Sie zu gewinnen ist mein ganzer Fleiß;
Mein Herz ist selig, wenn Sie Gunst mir schenken;
Doch mögen Sie's dem Herzen nicht verdenken,

Wenn's all dies Glück noch nicht zu fassen weiß.
Vielleicht ist alles eine hübsche List,
Um mir die Heirat aus dem Kopf zu schlagen;
Ich glaube – um es gradheraus zu sagen –
Nicht früher, daß es holde Wahrheit ist,
Bis Ihre Gunst, die jetzt nur Worte spricht,
Mir die so heiß ersehnte Probe gibt
Und bis mein Herz in voller Zuversicht
Aufjubeln darf: Ich bin geliebt!

ELMIRE *nachdem sie gehustet hat, um Ihren Mann aufmerksam zu*
machen.
Wie? Gar so eilig? Scheint es Ihnen klug,
Den Becher gleich zu leeren bis zur Neige?
Wenn ich so rückhaltlos mein Innres zeige,
Ist Ihnen das noch nicht genug?
Kann Ihnen nichts Genüge leisten
Als gradewegs die letzte Liebesgunst?

TARTUFFE. Für unverdientes Glück bangt uns am meisten,
Und Sehnsucht stillt man nicht durch Redekunst.
Den Argwohn weckt ein herrlicher Gewinn:
Wir glauben dran, erst wenn wir ihn errungen;
Ich, der ich solcher Huld nicht würdig bin,
Ich zweifle noch, daß ich Ihr Herz bezwungen,
Und überzeugt bin ich nur dann,
Wenn Sie durch Taten meine Gluten stillen.

ELMIRE. Ach, Ihre Leidenschaft ist ein Tyrann
Und bringt in wilden Aufruhr meinen Willen.
Sie unterjocht die Herzen sich gewaltsam,
Erobert sich im Sturm, was ihr gefällt!
Ist denn Ihr Ungestüm so unaufhaltsam,
Daß man zum Atmen nicht mehr Zeit behält?
Ist solche Grausamkeit erlaubt,
Die nicht mehr bittet, sondern raubt,
Die schonungslos als Sieger möchte schalten,
Sobald wir unsre Schwachheit ihr bekannt?

TARTUFFE. Wenn ich vor Ihren Augen Gnade fand,
Warum mir den Beweis noch vorenthalten?

ELMIRE. Würd' ich da nicht den Zorn des Himmels schüren,

Den Sie doch stets im Munde führen?

TARTUFFE. Wenn nur der Himmel schuld ist, daß Sie zaudern,
Schnell fortgeräumt ist dieses Hindernis:
Der Himmel duldet's ganz gewiß.

ELMIRE. Doch droht man uns mit ihm und macht uns schaudern!

TARTUFFE. Von dieser Kinderfurcht sprech' ich Sie frei
Und lasse diese Skrupel schwinden:
Der Himmel zwar verbietet mancherlei,
Doch man versteht, sich mit ihm abzufinden.
Das eben ist die Kunst, die wir uns schufen,
Je nach Bedarf zu dehnen das Gewissen
Und, ließ die **Handlung** Lauterkeit vermissen,
Uns auf den guten **Willen** zu berufen.
In dieser Kunst will ich Ihr Lehrer sein;
Drum folgen Sie getrost auf meinem Pfade
Und schenken Sie mir furchtlos Ihre Gnade:
Die Schuld nehm' ich auf mich, auf mich allein.

Elmire hustet stärker

Sie haben stark den Husten.

ELMIRE. Schauderhaft!

TARTUFFE. Befehlen Sie vielleicht Lakritzensaft?

ELMIRE. Ach, **die** Erkältung läßt nicht mit sich spaßen;
Es gibt dafür kein Mittel, wie mich deucht.

TARTUFFE. Das ist recht lästig.

ELMIRE. Über alle Maßen.

TARTUFFE. Die Skrupel, wie gesagt, sind bald verscheucht.
Daß es verschwiegen bleibt, ist ja gewiß.
Ein Fehl besteht nicht, eh' man ihn verkündigt;
Erst das Geschrei macht ihn zum Ärgernis;
Drum sündigt nicht, wer im geheimen sündigt.

ELMIRE *nachdem sie abermals gehustet und auf den Tisch geklopft hat.*
Ich merke schon, da hilft kein Widerstreben;
Ich muß gefügig alles zugestehn;
Denn deutlich hab' ich eingesehn,
Daß Sie nicht früher sich zufrieden geben.

Mit erhobener Stimme und mit deutlichem Doppelsinn.

Zwar heißt das viel zu weit gegangen,
Und nur dem Zwange geb' ich nach;
Doch weil man zeigt so heftiges Verlangen
Und nichts von allem glaubte, was ich sprach,
Weil man Beweise will von stärkrer Art,
Nun, so bekenn' ich mich besiegt,
Und wenn in meinem Tun ein Frevel liegt,
Er fällt auf den, der's so gewollt, zurück;
Doch **mein** Gewissen bleibt davor bewahrt.
TARTUFFE. Jawohl, ich nehm's auf mich: und unser Glück …
ELMIRE. Erst schau'n Sie nach, ob hinter jenen Türen
Nicht irgendwo mein Mann zu sehn.
TARTUFFE. Was kümmern Sie sich noch um den?
Der läßt sich ruhig an der Nase führen.
Dem hab' ich so den Kopf verschraubt,
Daß er's mit Augen sieht und doch nicht glaubt.
ELMIRE. Gleichviel! Doch bitt' ich Sie, da drinnen
Sorgfältig nachzusehn, ob rein die Luft.

Sechster Auftritt

Orgon. Elmire.

ORGON *kommt hinter dem Tisch hervor.*
Weiß Gott, das ist ein unerhörter Schuft!
Ich halt's nicht länger aus! Ich bin von Sinnen!
ELMIRE. Was? Jetzt schon? Jetzt ist nicht zum Scherzen Zeit!
Schnell wieder untern Tisch, ich rat's im guten;
Verschaffen Sie sich volle Sicherheit
Und sehn Sie erst, was Sie jetzt nur vermuten!
ORGON. Der Kerl kommt aus der Hölle tiefstem Schlund!
ELMIRE. Wie schnell Sie eine neue Meinung fassen!
Nein, warten Sie auf einen trift'gen Grund,
Damit Sie sich nicht wieder täuschen lassen.

Sie stellt sich vor Orgon und verbirgt ihn dadurch.

Siebenter Auftritt

Tartuffe. Elmire. Orgon.

TARTUFFE *ohne Orgon zu sehen.*
Der Zufall ist für unsren Wunsch geschäftig.
Die Wohnung untersucht' ich ganz genau;
Kein Mensch ist dort; nun komm, geliebte Frau ...

*In dem Augenblick, in welchem Tartuffe mit offenen Armen
auf Elmire zueilt, tritt sie zurück, und Tartuffe sieht sich Orgon
gegenüber.*

ORGON *Tartuffe festhaltend.*
Gemach, verliebter Herr! Nicht gar so heftig!
Ich bitte, sich nicht weiter aufzuregen!
Seht mir den Biedermann! Zum Zeitvertreib
Läßt er sich von dem Teufel Schlingen legen,
Freit meine Tochter und verführt mein Weib.
Ich zweifelte bis jetzt an dem Betrug,
Ich hielt es nicht für Ernst und war geduldig;
Sie aber blieben den Beweis nicht schuldig:
Ich meinesteils, ich habe grad genug.
ELMIRE *zu Tartuffe.* Ungern verstand ich mich zu diesem Spiel!
Sie ließen uns kein ander Mittel finden.
TARTUFFE *zu Orgon.* Sie glauben ...
ORGON. Jedes Wort ist jetzt zu viel;
Ich rate Ihnen, schleunigst zu verschwinden.
TARTUFFE. Mein Zweck ...
ORGON. Wozu soll dies Geschwätz noch dienen?
Aus meinem Hause! Fort mit Ihnen!
TARTUFFE. Nein, fort mit Ihnen, der den Herrn hier spielt!
Dies Haus ist mein, das sollt ihr nun erfahren!
Wer Händel mit mir sucht, der wird gewahren,
Was man auf solchem krummen Weg erzielt.
Wenn ihr mich ungestraft zu höhnen denkt,
Ich habe Macht, den Spaß euch zu verbittern
Und Gott zu rächen, den ihr schwer gekränkt:
Wer mich von hier verjagt, der möge zittern!

Achter Auftritt

Elmire. Orgon.

ELMIRE. Was heißt denn das? Ich glaube gar, er droht.
ORGON. Mir ist das Weinen näher als das Lachen.
ELMIRE. Weshalb?
ORGON. Ich ließ mich ein in schlimme Sachen,
  Und die verwünschte Schenkung macht mir Not!
ELMIRE. Die Schenkung?
ORGON. Ja, das ist nun mal geschehn;
  Doch gibt es noch was andres, was mich quält.
ELMIRE. Was?
ORGON. Davon später. Eilen wir, zu sehn,
  Ob ein gewisses Kästchen mir nicht fehlt.

Fünfter Akt

Erster Auftritt

Cleant. Orgon.

CLEANT. Wohin?

ORGON. Weiß ich's denn selbst?

CLEANT. Mir scheint es gut,
    Daß wir zunächst gemeinsam uns besinnen,
    Was wir in diesem Fall beginnen.

ORGON. Ach, dieses Kästchen raubt mir allen Mut
    Und läßt das Schlimmste mich besorgen.

CLEANT. Ist ein Geheimnis denn darin verborgen?

ORGON. Argas, mein armer Freund, hat mir's gegeben,
    Als er vor seiner Flucht sich von mir trennte,
    Um's ganz geheim und sicher aufzuheben.
    Wie er mir sagte, birgt es Dokumente,
    Woran sein Leben und Vermögen hängt.

CLEANT. Warum denn gaben Sie's aus Ihrer Hand?

ORGON. Dazu hat mein Gewissen mich gedrängt:
    Dem Heuchler hab' ich gleich auch dies bekannt;
    Er ruhte nicht mit seinem Redeschwalle,
    Als bis ich ihn das Kästchen nehmen hieß,
    Damit im Untersuchungsfalle
    Ich mir ein Hintertürchen offen ließ,
    Um mein Gewissen zu bewahren
    Vor falschem Zeugnis und vor falschem Eid.

CLEANT. Da sind Sie ja recht tüchtig festgefahren!
    Denn Schenkung und Vertrauensseligkeit
    Sind – ich bekenn' es, Ihnen ehrlich –
    Mißgriffe von dem größten Unverstand,
    Und solche Pfänder sind für Sie gefährlich.
    Doch da Sie ganz in dieses Menschen Hand,
    War's doppelt unklug, seinen Zorn zu wecken;
    Der Ausweg war gewiß nicht fein.

ORGON. Wie kann man unter einem Heil'genschein

Ein so verlognes, falsches Herz verstecken!
Ich nahm ihn auf als Bettler, diesen Strolch!
Mit all den Biedermännern bin ich fertig;
Ich meide sie wie Gift und Dolch,
Und jeder Teufelei sind sie von mir gewärtig.
CLEANT. Natürlich! Abermals ein kühner Sprung!
Sie können nie die Mittelstraße wandern
Und eilen, ferne jeder Mäßigung,
Von einer Übertriebenheit zur andern.
Sie sehen Ihren Irrtum, Sie begreifen,
Daß Heuchelei Sie hinters Licht geführt,
Und glauben deshalb, daß sich's nun gebührt,
Noch weiter von der Wahrheit abzuschweifen?
Sie halten grad wie über diesen Wicht
Auch über wahre Frömmigkeit Gericht?
Wie? Weil ein frecher Lump Sie prellt,
Weil Sie vor gleisnerischem Pomp erblinden,
Drum gibt es nur noch Schurken auf der Welt,
Und keine Gottesfurcht ist mehr zu finden?
Freigeister mögen diesen Trugschluß lieben;
Sie aber sollten trennen Wert und Schein,
Nicht allzuschnell mit Ihrer Achtung sein,
Nicht allzuleicht der Wahrheit Bild verschieben.
Verschließen Sie dem Lügenwort Ihr Ohr,
Doch lassen Sie's die Tugend nicht entgelten;
Noch lieber soll, wer jedes Maß verlor,
Den Schlechten trauen als die Guten schelten.

Zweiter Auftritt

Vorige. Damis.

DAMIS. Mein Vater, ist es wahr? Der Bursche droht
Und will mit ruchlos frechen Händen,
Was Ihre Großmut überreich ihm bot,
Als Waffe gegen Sie verwenden?
ORGON. Jawohl, mein Sohn; ich leide große Qual.
DAMIS. Sei'n Sie getrost: ich schneid' ihm ab die Ohren!

Mit solchem Schuft nur nicht viel Zeit verloren!
Von dem befrei' ich Sie mit einem Mal:
Den werd' ich kurzer Hand zu Tode prügeln.
CLEANT. So spricht ein junger Mensch; ich aber bitte,
Die wilde Heftigkeit zu zügeln.
In unsrer Zeit der Ordnung und der Sitte
Wird man mit Faustrecht nicht weit kommen.

Dritter Auftritt

Vorige. Madame Pernelle. Dorine. Elmire. Marianne.

MAD. PERNELLE. Ist's wahr? Ich habe Greuliches vernommen!
ORGON. Wahr ist es, ich bezeug' es selbst; ich Tor
Erhielt für meine Wohltat jetzt Belohnung:
Aus tiefstem Elend hol' ich ihn hervor;
Ich nenn' ihn Bruder, biet' ihm eine Wohnung,
Ich überschütt' ihn jeden Tag mit Prunk,
Ich geb' ihm meine Tochter, meine Schätze,
Und währenddessen stellt der Erzhalunk
Der Tugend meines Weibes Netze.
Ja, nicht genug an solcher Schändlichkeit:
Er droht mit meinen eigenen Geschenken
Und will nun gegen mich die Waffen lenken,
Die mein gutherz'ger Leichtsinn ihm verleiht,
Das Haus, in das ich ihn gebracht, mir rauben,
Zur Not mich zwingen, der ich ihn entzog.
DORINE. Der Ärmste!
MAD. PERNELLE. Nein, ich kann durchaus nicht glauben,
Daß er uns alle so gemein betrog.
ORGAN. Sie zweifeln noch?
MAD. PERNELLE. Man lästert stets die Frommen.
ORGON. Mir scheint, daß dieser Spruch hier wenig paßt,
Frau Mutter!
MAD. PERNELLE. Es ist weit mit euch gekommen;
Man hat ihn hier von Anfang an gehaßt.
ORGON. Was ändert dies an meinen Worten?
MAD. PERNELLE. Oft lehrt' ich dich in deiner Kinderzeit:

Die Tugend wird verdächtigt allerorten;
Die Neider sterben, aber nie der Neid.
ORGON. Worauf soll heute diese Lehre gehn?
MAD. PERNELLE. Man hat dir dummen Schnickschnack vorgesungen.
ORGON. Ich sagte ja, daß ich es selbst gesehn.
MAD. PERNELLE. Groß ist die Lästersucht der bösen Zungen.
ORGON. Jetzt reißt mir die Geduld; ich sagte klar,
Daß ich's mit Augen sah; der Grund ist triftig.
MAD. PERNELLE. Verleumdung bringt die Besten in Gefahr
Und ist wie eine Schlange giftig.
ORGON. Solche Verstocktheit war noch gar nicht da!
Ich sah! Verstehn Sie wohl: Ich selber sah!
Sehn heißt so viel als sehn. Wie vielmal noch
Soll ich das in Ihr Ohr posaunen?
MAD. PERNELLE. Oft sieht man etwas, und man irrt sich doch;
Ein falsches Urteil darf uns nicht erstaunen.
ORGON. Ich werde toll!
MAD. PERNELLE. Irrtum ist allgemein;
Wir tadeln oftmals, was wir loben müssen.
ORGON. Wenn er sich anschickt, meine Frau zu küssen,
Das wird wohl eine Andachtsübung sein?
MAD. PERNELLE. Eh' man Beweise hat, spricht man nicht schuldig.
Du hättest ruhig darauf warten sollen.
ORGON. Zum Henker! Wirklich hübsch, was Sie da wollen!
Ich sollte warten lammsgeduldig,
Bis er ... fast hätt' ich was gesagt!
MAD. PERNELLE. Er läßt nur Gott in seinem Herzen walten.
Der Taten, deren man ihn hier verklagt,
Werd' ich ihn nie für fähig halten.
ORGON. Potz Blitz! Wär' eine Mutter nicht gefeit,
Dann würd' ich Sie ganz anders jetzt bedienen!
DORINE *zu Orgon.* Das ist die irdische Gerechtigkeit:
Sie glaubten's nicht: nun glaubt es niemand Ihnen.
CLEANT. Vertun wir nicht die Zeit mit Nebensachen,
Statt zu beraten mit vereinter Kraft.
Der Schurk' hat uns gedroht, wir müssen wachen.
DAMIS. Ist seine Frechheit denn so riesenhaft?
ELMIRE. Ich glaube nicht an diese Möglichkeit,

Sein Undank wäre gar zu leicht ersichtlich.
CLEANT *zu Orgon.* Sei'n Sie darauf gefaßt, daß er gerichtlich
    All seinen Forderungen Nachdruck leiht;
    Ein Ränkeschmied braucht nicht einmal so viel,
    Um uns zu fangen in verworrnen Netzen.
    Ich wiederhol's, das war ein kühnes Spiel,
    Ihn erst zu wappnen und dann aufzuhetzen.
ORGON. Ach, freilich! Doch bei seinem Schurkenstreich
    Vermocht' ich meine Wut nicht mehr zu zähmen.
CLEANT. Ich würde wünschen, daß Sie durch Vergleich
    Zu einer Art von Waffenstillstand kämen.
ELMIRE. Hätt' ich geahnt, daß er uns schaden kann,
    Ich hätte mich doch mehr in acht genommen
    Und …
ORGON *der Loyal eintreten sieht, zu Dorine.*
    Sehn Sie, wer das ist! Was will der Mann?
    Das fehlt mir grad noch, daß Besuche kommen.

Vierter Auftritt

Vorige. Loyal.

LOYAL *zu Dorine im Hintergrund.*
    Mein schönes Kind, vermelden Sie dem Herrn,
    Ich möcht' ihn sprechen.
DORINE. Er ist nicht allein
    Und sieht Besuche heut nicht gern.
LOYAL. Ich werd' ihm ganz gewiß nicht lästig sein.
    Mein Kommen wird ihm viel Vergnügen machen,
    Und meine Botschaft freut ihn sehr.
DORINE. Ihr Name?
LOYAL. Sagen Sie, ich käme her
    Im Auftrag Herrn Tartuffes und in Vermögenssachen.
DORINE *zu Orgon.* Der Mann beträgt sich ganz gesetzt und still;
    Er kommt im Auftrag Herrn Tartuffes, in Dingen,
    Die, wie er annimmt, Ihnen Freude bringen.
CLEANT *zu Orgon.* So hören Sie, was er von Ihnen will.
ORGON *zu Cleant.* Der sucht gewiß Versöhnung anzubahnen;

Wie meinen Sie, daß ich mich dazu stelle?

CLEANT *zu Orgon*. Nur ruhig Blut! Wird er zum Frieden mahnen,
So geben Sie Gehör auf alle Fälle.

LOYAL *zu Orgon*. Mein' Reverenz dem Herrn! Des Himmels Hand
Beschütz' Ihr Haupt und sei ihm gnadenreich!

ORGON *leise zu Cleant*. Sein Gruß bekräftigt, was ich schon erkannt:
Er rät ganz sicher zum Vergleich.

LOYAL. Bei Ihrem Vater dient' ich einst im Haus
Und schätz' es drum noch heute überaus.

ORGON. Mein Herr, ich bin beschämt; verzeihen Sie:
Doch ich erinnre mich an nichts.

LOYAL. Ich heiß' Loyal, bin aus der Normandie
Und wohlbestallter Diener des Gerichts.
Seit unberufen vierzig Jahren
Wußt' ich den Posten ehrenvoll zu wahren,
Und meines Hierseins einzige Bezweckung
Ist untertänigst ein Gerichtsbeschluß …

ORGON. Was! Sie sind hier …

LOYAL. Macht Ihnen das Verdruß?
Es ist nur eine kleine Zwangsvollstreckung:
Sie räumen dieses Haus mitsamt den Ihren,
Mit allem, was es hier an Kist' und Kasten gibt,
Und Rechtens, ohne Sperren oder Zieren.

ORGON. Ich aus dem Hause gehn!

LOYAL. Ja, wenn's beliebt.
Wie dero Gnaden sattsam ist bekannt,
Gehört dies Haus, die Schenkung anbeträchtlich,
Dem guten Herrn Tartuffe vermögensrechtlich,
Wes dies Papier ein gültig Unterpfand,
Gebrieft und unterzeichnet eigenhändig.

DAMIS *auf Loyal eindringend*. Fürwahr, die Unverschämtheit ist nicht
klein!

LOYAL *zu Damis*. Mein Herr, mit Ihnen hab' ich nichts gemein.

Zeigt auf Orgon.

Doch dieser Herr ist fügsam und verständig
Und wird als guter Bürger jederzeit
Gehorchen dem Befehl der Obrigkeit.

ORGON. Indessen …

LOYAL. Nicht um eine Million
  Wird er des Trotzes Strafen auf sich heften,
  Wird mich in meinen Amtsgeschäften
  Durchaus behandeln als Respektsperson.

DAMIS. Ausklopfen möcht' ich Ihren schwarzen Rock,
  Herr Diener des Gerichts, mit meinem Stock!

LOYAL *zu Orgon.* Gebieten Sie nun Ihrem Sohn zu schweigen,
  Mein Herr. Sonst bleibt mir leider keine Wahl,
  Als in dem Protokoll ihn anzuzeigen.

DORINE *beiseite.* Der Herr Loyal benimmt sich unloyal.

LOYAL. Weil ich als braven Mann Sie hochverehre,
  Drum unternahm ich selber den Vollzug,
  Und darin lag Gefälligkeit genug,
  Da sonst ein anderer gekommen wäre,
  Der Sie behandelt hätte schroff und kühl
  Und ohne mein berühmtes Zartgefühl.

ORGON. Welch Zartgefühl, daß man mit Weib und Kind
  Mich auf die Straße setzt!

LOYAL. Weil Sie es sind,
  Deshalb vollstreck' ich des Gerichtes Willen
  Erst morgen früh; das will doch was bedeuten!
  Ich werd' hier übernachten ganz im stillen
  Und ohne Lärm mit zehn von meinen Leuten.
  Pro forma nur bitt' ich mir aus
  Vorm Schlafengehn die Schlüssel Ihrer Türen;
  Sanft schlummern Sie noch einmal hier im Haus,
  Und alles bleibt in Ordnung nach Gebühren.
  Doch morgen früh erheben Sie sich bald,
  Und meine Leute helfen Ihnen räumen;
  Ich wählte sie von kräftiger Gestalt,
  Damit es hurtig geht und ohne Säumen.
  Das heißt doch sicher mild zu Werk gegangen,
  Und eine Rücksicht ist der andern wert;
  Drum darf ich wohl erwarten und verlangen,
  Daß niemand mir mein Amt erschwert.

ORGON *beiseite.* Wenn ich auch alles fast verlor,
  Ich zahlte freudig ohne Widerstreben

Von dem, was bleibt, noch hundert Louisdors,
Dürft' ich dem Kerl eins auf die Schnauze geben.
CLEANT *leise zu Orgon.*
  Nur nichts verschlimmert!
DAMIS. Soll man's noch ertragen?
  Ich habe Lust, ihn braun und blau zu schlagen.
DORINE. Mein Herr Loyal, Ihr Buckel ist hübsch breit;
  Da hätten ein paar Prügel trefflich Platz.
LOYAL. Das sind Injurien, mein lieber Schatz;
  Auch gegen Weiber gibt's Gerechtigkeit.
CLEANT *zu Loyal.* Genug, mein Herr, wozu soll das noch nützen?
  Ich bitt' um dieses Blatt und – Gott befohlen!
LOYAL. Auf Wiedersehn! Der Himmel mag Sie schützen!
ORGON. Dich und Tartuffe, euch mag der Teufel holen.

Fünfter Auftritt

Vorige ohne Loyal.

ORGON. Was nun, Frau Mutter? Wer ist hier der Narr?
  Sie können's jetzt in der Verordnung lesen,
  Ob seine Schändlichkeit nur Schein gewesen!
MAD. PERNELLE. Ich falle aus den Wolken, ich bin starr!
DORINE *zu Orgon.* Sie tun ihm unrecht, klagen falsch ihn an:
  Grad jetzt bewährt er sich als frommen Mann.
  Die Nächstenliebe heißt sein höchst Gebot:
  Weil Reichtum oft das Herz des Menschen schädigt,
  Drum hat er Sie aus Christenpflicht entledigt
  Von allem, was Ihr Seelenheil bedroht.
ORGON. Still! Muß ich das den ganzen Tag befehlen?
CLEANT *zu Orgon.* Jetzt heißt es irgendeinen Ausweg wählen.
ELMIRE. Verkünden Sie den frechen Undank laut;
  Sein Schurkenstreich hat den Vertrag zerrissen!
  Wenn das Gericht den schwarzen Plan durchschaut,
  Dann wird es ihn zu kreuzen wissen.

Sechster Auftritt

Vorige. Valer.

VALER. Mein Herr, als Unglücksbote muß ich kommen,
  Damit Sie drohender Gefahr entgehn.
  Ein treuer Freund, der oft von mir vernommen,
  Wie nah Sie meinem Herzen stehn,
  Und deshalb zu gewagtem Dienst erbötig,
  Hat mir ein Staatsgeheimnis offenbart,
  Und diese Nachricht ist von solcher Art,
  Daß Ihre Flucht noch heute dringend nötig.
  Der Schurk, dem Sie vertrauend sich geneigt,
  Hat bei dem König selbst Sie angezeigt
  Und ihm ein wichtig Kästchen zugetragen,
  Durch das ein Staatsverbrechen kam ans Licht;
  Sie hätten's gegen Untertanenpflicht,
  So sagt er aus, versteckt und unterschlagen.
  Sonst weiß ich nichts! ich füge nur noch bei:
  Der Haftbefehl ist schon erlassen;
  Er selbst hat Vollmacht, Sie hier abzufassen,
  Und wird erscheinen mit der Polizei.
CLEANT. Mit solchen Waffen rückt er jetzt ins Feuer,
  Um Ihrer ganzen Habe Herr zu werden!
ORGON. Der Mensch ist in der Tat ein Ungeheuer!
VALER. Die kleinste Säumnis würde Sie gefährden.
  Vor Ihrer Türe hält mein Wagen,
  Und tausend Louisdors sind hier bereit!
  Drum fliehen Sie! Noch ist es Zeit;
  Noch hat der Blitz nicht zündend eingeschlagen.
  Ich selber bringe Sie zur Grenze hin
  Und will nicht ruhn, bis ich Sie ganz geborgen.
ORGON. Mein teurer Freund, wie brav Sie für mich sorgen!
  Die Zeit wird kommen, wo ich dankbar bin.
  Der Himmel wird mir eines Tages gönnen,
  Daß solche Großmut ihren Lohn gewinnt.
  Lebt alle wohl und sorgt …

CLEANT. Nur fort, geschwind!
Wir andern werden uns schon helfen können.

Siebenter Auftritt

Vorige. Tartuffe. Ein Polizeibeamter.

TARTUFFE *tritt Orgon in den Weg.*
Nur sacht, mein Herr! Wer eilt, wird schnell erlahmen;
Sie finden früh genug ihr Nachtquartier:
Sie sind verhaftet in des Königs Namen.
ORGON. Unmensch, mit solchem Streich vergiltst du mir!
Ja, Teufel, ja, das ist dein Meisterstück;
Damit hast du dich selber übertroffen.
TARTUFFE. Ihr lautes Schmähen weis' ich kalt zurück;
Ich dulde still; dem Himmel gilt mein Hoffen.
CLEANT. Welch eine Selbstbeherrschung ohnegleichen!
DAMIS. Wie dieser Gauner mit dem Himmel spielt!
TARTUFFE. All euer Ungestüm wird nichts erreichen;
Ich tue nur, was mir die Pflicht befiehlt.
MARIANNE. Der Auftrag paßt für Sie besonders gut
Und wird Sie sicherlich mit Ruhm bedecken.
TARTUFFE. Ja, rühmlich ist's, den Auftrag zu vollstrecken,
Den allerhöchst zu geben man geruht.
ORGON. Aus tiefstem Elend zog ich dich empor!
Nichtswürdiger, hast du das ganz vergessen?
TARTUFFE. Ich denke dran, soweit es angemessen;
Jedoch des Königs Wohl geht allem vor.
Drum muß ich meine Dankbarkeit bezwingen;
Auf solcher Pflichten heiligem Altar
Würd ich bedingungslos zum Opfer bringen
Freund, Eltern, Gattin, ja mich selbst sogar.
ELMIRE. Der Schändliche!
DORINE. Aus allen heil'gen Sachen
Versteht er sich ein Mäntelchen zu machen.
CLEANT. Ist wirklich Ihre Tugend gar so rauh,
So stürmisch, dann gestatten Sie die Frage,
Warum sie denn erst heute trat zutage,

Nachdem er Sie ertappt bei seiner Frau?
Warum Sie ihn mit Klagen erst belasten,
Nachdem er, schwer beleidigt, Sie vertrieb?
Und – ohne jene Schenkung anzutasten,
Durch die er Ihnen all sein Gut verschrieb –
Was konnte Sie bestimmen zuzugreifen,
Wenn er schon damals Ihnen schuldig schien?
TARTUFFE *zu dem Beamten.*
Erlösen Sie mich, Herr, von diesem Keifen!
Zeit wird es, Ihren Auftrag zu vollziehn.
DER BEAMTE. Jawohl, wir zögerten zu lange schon;
Sie mahnen mich mit Recht an Ihr Verhängnis:
Sie werden drum in eigener Person
Mir auf der Stelle folgen ins Gefängnis.
TARTUFFE. Wer? Ich?
DER BEAMTE. Ja, Sie!
TARTUFFE. Was? Ins Gefängnis, ich!
DER BEAMTE. Nicht Ihnen werd' ich Rede stehn.

Zu Orgon.

Mein Herr, beruhigen Sie sich!
Denn unser wahrheitsliebender Regent,
Der weise richtet und die Menschen kennt,
Läßt sich von keinem Lügner hintergehn.
Sein feiner Unterscheidungssinn
Weiß alles in das rechte Licht zu setzen;
Nie wird er etwas Schlechtes überschätzen,
Nie reißt ihn Übertreibung hin.
Glorreich belohnt er jeden frommen Mann;
Doch wird er nie sich blenden lassen,
Und Liebe für die Guten treibt ihn an,
Die Bösen schonungslos zu hassen. –

Zeigt auf Tartuffe.

Der hier verwirrte seinen Scharfsinn nicht;
So plumpe Fallen läßt er sich nicht stellen.
Rasch wußte seiner Seele klares Licht
Die Ränke des Betrügers aufzuhellen.

Gott hat gefügt, daß er sich uns entdeckte,
Indem er Sie verklagen ging,
Und daß man endlich einen Schwindler fing,
Der unter falschem Namen sich versteckte.
Kein Foliant wär' dick genug
Für die Geschichte seiner Übeltaten,
Und kurz, der Fürst verabscheut den Betrug,
Durch den er Sie mißhandelt und verraten.
Zu seiner Schuld kommt dies als neue Bürde:
Ich ließ ihn hier so lang sich überheben,
Um anzusehn, wie weit er's treiben würde,
Und Ihnen vor ihm selbst Ihr Recht zu geben.
Was er sich von Papieren zugesprochen,
Ich liefr' es Ihren Händen wieder aus;
Des Königs Machtwort schützt Ihr Haus
Und hat die Fessel des Vertrags zerbrochen.
Sodann vergibt er, daß ein Freund zu weit
In sein Vergehn Sie hat hineingezogen;
Sie haben ja den Fehl zu andrer Zeit
Durch treue Dienste reichlich aufgewogen.
Sein dankbar Herz, das niemals ruhte,
Bevor es wackrer Tat den Lohn beschert
Und edle Männer nach Verdienst geehrt,
Vergißt das Schlechte leicht, doch nie das Gute.
DORINE. Der Himmel sei gelobt!
MAD. PERNELLE. Ich atme wieder!
ELMIRE. Welch unerwartet Glück!
MARIANNE. Wie bin ich froh!
ORGON *zu Tartuffe, den der Beamte fortführt.*
  Da hast du's nun, du Spitzbub' ...

  Tartuffe und der Beamte rechts ab.

Achter Auftritt

Vorige ohne Tartuffe und Beamten.

CLEANT. Nein, nicht so!
    Durch Schelten steigen Sie zu ihm hernieder. –
    Wenn Sie dem güt'gen Himmel Dank bekannt,
    Dann folge dieser Pflicht noch eine neue:
ORGON. Ja, danken wir ihm auf den Knien,
    Und wenn wir seine reiche Huld vergolten,
    Wenn wir ihm Preis und Ehre zuerkannt,
    Dann folgt der alten Pflicht noch eine neue:
    Dann lohnen wir durch ein geweihtes Band
    Valers erprobte Lieb' und echte Treue.

Ende

[Nach dem Original würde dieser Schlußauftritt lauten:

CLEANT. Nein, nicht so!
    Durch Schelten steigen Sie zu ihm hernieder.
    Sein Los ist ohnedies schon schwer
    Und macht ihn mürbe! Drum verschwenden
    Sie keinen Vorwurf. Hoffen wir vielmehr,
    Daß sich sein Herz noch mag zum Guten wenden,
    Daß er in Reue geht auf beßrem Pfade
    Und sich erwirbt des edlen Fürsten Gnade,
    Die heut so große Wohltat uns verliehn,
    Daß wir fußfällig ihn verehren sollten.
    Dann lohnen Sie durch ein geweihtes Band
    Valers erprobte Lieb' und echte Treue.]*

Erzählungen der Frühromantik

1799 schreibt Novalis seinen Heinrich von Ofterdingen und schafft mit der blauen Blume, nach der der Jüngling sich sehnt, das Symbol einer der wirkungsmächtigsten Epochen unseres Kulturkreises. Ricarda Huch wird dazu viel später bemerken: »Die blaue Blume ist aber das, was jeder sucht, ohne es selbst zu wissen, nenne man es nun Gott, Ewigkeit oder Liebe.«

Tieck Peter Lebrecht **Günderrode** Geschichte eines Braminen **Novalis** Heinrich von Ofterdingen **Schlegel** Lucinde **Jean Paul** Des Luftschiffers Giannozzo Seebuch **Novalis** Die Lehrlinge zu Sais
ISBN 978-3-8430-1878-4, 416 Seiten, 29,80 €

Erzählungen der Hochromantik

Zwischen 1804 und 1815 ist Heidelberg das intellektuelle Zentrum einer Bewegung, die sich von dort aus in der Welt verbreitet. Individuelles Erleben von Idylle und Harmonie, die Innerlichkeit der Seele sind die zentralen Themen der Hochromantik als Gegenbewegung zur von der Antike inspirierten Klassik und der vernunftgetriebenen Aufklärung.

Chamisso Adelberts Fabel **Jean Paul** Des Feldpredigers Schmelzle Reise nach Flätz **Brentano** Aus der Chronika eines fahrenden Schülers **Motte Fouqué** Undine **Arnim** Isabella von Ägypten **Chamisso** Peter Schlemihls wundersame Geschichte **Hoffmann** Der Sandmann **Hoffmann** Der goldne Topf
ISBN 978-3-8430-1879-1, 408 Seiten, 29,80 €

Erzählungen der Spätromantik

Im nach dem Wiener Kongress neugeordneten Europa entsteht seit 1815 große Literatur der Sehnsucht und der Melancholie. Die Schattenseiten der menschlichen Seele, Leidenschaft und die Hinwendung zum Religiösen sind die Themen der Spätromantik.

Brentano Die drei Nüsse **Brentano** Geschichte vom braven Kasperl und dem schönen Annerl **Hoffmann** Das steinerne Herz **Eichendorff** Das Marmorbild **Arnim** Die Majoratsherren **Hoffmann** Das Fräulein von Scuderi **Tieck** Die Gemälde **Hauff** Phantasien im Bremer Ratskeller **Hauff** Jud Süss **Eichendorff** Viel Lärmen um Nichts **Eichendorff** Die Glücksritter
ISBN 978-3-8430-1880-7, 440 Seiten, 29,80 €

Dekadente Erzählungen

Im kulturellen Verfall des Fin de siècle wendet sich die Dekadenz ab von der Natur und dem realen Leben, hin zu raffinierten ästhetischen Empfindungen zwischen ausschweifender Lebenslust und fatalem Überdruss. Gegen Moral und Bürgertum frönt sie mit überfeinen Sinnen einem subtilen Schönheitskult, der die Kunst nichts anderem als ihr selbst verpflichtet sieht.

Rainer Maria Rilke Die Aufzeichnungen des Malte Laurids Brigge **Joris-Karl Huysmans** Gegen den Strich **Hermann Bahr** Die gute Schule **Hugo von Hofmannsthal** Das Märchen der 672. Nacht **Rainer Maria Rilke** Die Weise von Liebe und Tod des Cornets Christoph Rilke

ISBN 978-3-8430-1881-4, 412 Seiten, 29,80 €

Erzählungen aus dem Sturm und Drang

Zwischen 1765 und 1785 geht ein Ruck durch die deutsche Literatur. Sehr junge Autoren lehnen sich auf gegen den belehrenden Charakter der - die damalige Geisteskultur beherrschenden - Aufklärung. Mit Fantasie und Gemütskraft stürmen und drängen sie gegen die Moralvorstellungen des Feudalsystems, setzen Gefühl vor Verstand und fordern die Selbstständigkeit des Originalgenies.

Jakob Michael Reinhold Lenz Zerbin oder Die neuere Philosophie **Johann Karl Wezel** Silvans Bibliothek oder die gelehrten Abenteuer **Karl Philipp Moritz** Andreas Hartknopf. Eine Allegorie **Friedrich Schiller** Der Geisterseher **Johann Wolfgang Goethe** Die Leiden des jungen Werther **Friedrich Maximilian Klinger** Fausts Leben, Taten und Höllenfahrt

ISBN 978-3-8430-1882-1, 476 Seiten, 29,80 €

Erzählungen aus dem Sturm und Drang II

Johann Karl Wezel Kakerlak oder die Geschichte eines Rosenkreuzers **Gottfried August Bürger** Münchhausen **Friedrich Schiller** Der Verbrecher aus verlorener Ehre **Karl Philipp Moritz** Andreas Hartknopfs Predigerjahre **Jakob Michael Reinhold Lenz** Der Waldbruder **Friedrich Maximilian Klinger** Geschichte eines Teutschen der neusten Zeit

ISBN 978-3-8430-1883-8, 436 Seiten, 29,80 €